7

Jul.

周国平致教师

周国平　著

点亮孩子的心灵

浙江人民出版社

图书在版编目（CIP）数据

周国平致教师：点亮孩子的心灵 / 周国平著. --
杭州：浙江人民出版社，2022.9
ISBN 978-7-213-10737-5

Ⅰ. ①周… Ⅱ. ①周… Ⅲ. ①中小学教育－教育研究
－文集 Ⅳ. ①G632.0-53

中国版本图书馆CIP数据核字(2022)第159334号

周国平致教师：点亮孩子的心灵
ZHOU GUOPING ZHI JIAOSHI:DIANLIANG HAIZI DE XINLING
周国平　著

出版发行　浙江人民出版社（杭州市体育场路347号　邮编 310006）

责任编辑　徐　婷

责任校对　何培玉

封面设计　胡崇峯

电脑制版　飞鱼时光

印　　刷　嘉业印刷（天津）有限公司

开　　本　880毫米×1230毫米　1 / 32

印　　张　9.625

字　　数　213千字

版　　次　2022年9月第1版

印　　次　2022年9月第1次印刷

书　　号　ISBN 978-7-213-10737-5

定　　价　55.00元

如发现印装质量问题，影响阅读，请与市场部联系调换。
质量投诉电话：010-82069336

序　言

我曾在2009年出版《周国平论教育》一书，2015年又出版了第二册，这两册《论教育》不断再版和重印，很受教育界人士的欢迎。在这两册书的基础上，现在我对我关于教育的文字进行重新编选，内容做了很大调整，删除了一些旧文，增添了许多后来写的新文。同时，两册书的编排不再按照写作的时间，而是按照读者的定位，目标读者分别是教师和家长，取名为《周国平致教师：点亮孩子的心灵》和《周国平致家长：做不焦虑的父母》。

在内容上，两册书各有侧重。《致教师》侧重于学校教育，重点论述教育的理念、教师的素质、教学的方法等。《致家长》侧重于家庭教育，重点论述儿童的特点、父母的责任、育儿的智慧等。毫无疑问，这样区分是相对的。不论在学校里，还是在家庭中，教育的基本道理是共通的。所以，最好是把两册书打通起来读。因为我在编选时为了避免重复，在一册里用过的文章，另一册里就不再用，而实际上有相当数量的文章是应该两册通用的。只有一篇文章是两册里都编入的，便是《为生长创造友好的环境》。实在因为这篇文章同时论述了学校教育和家庭教育，而在我看来，为孩子生长创造友好的环境正是教师和家长当前最紧迫的共同责任。

　　教育是全社会的大事，教师和家长是教育的直接承担者，我渴望对你们说话，和你们交流。作为一个哲学研究者，也作为两个孩子的家长，我一直关注教育问题，希望我的思考对你们有所助益。

周国平

2022年2月23日

目　录

第三辑

互联网时代的教育

第四辑

我心目中的好教师

第九辑

讲演辑录

第一辑

教育的理念

教育即生长，生长就是目的，
在生长之外别无目的。

教育的七条箴言

何为教育？教育究竟何为？教育中最重要的原则是什么？古今中外的优秀头脑对此进行了许多思考，发表了许多言论。我发现，关于教育的最中肯、最精彩的话往往出自哲学家之口。专门的教育家和教育学家，倘若不同时拥有洞察人性的智慧，说出的话便容易局限于经验，或拘泥于心理学的细节，显得肤浅、琐细和平庸。现在我把我最欣赏的教育理念列举出来，共七点，不妨称之为教育的七条箴言。它们的确具有箴言的特征：直指事物的本质，既简明如神谕，又朴素如常识。可叹的是，人们迷失在事物的假象之中，宁愿相信各种艰深复杂的谬误，忘掉了简单的常识。然而，依然朴实的心灵一定会感到，这些箴言多么切中今日教育的弊病，我们的教育多么需要回到常识，回到教育之为教育的最基本的道理。

第一条箴言：教育即生长，生长就是目的，在生长之外别无目的。
这个论点由卢梭提出，而后杜威做了进一步阐发。"教育即生长"

言简意赅地道出了教育的本义，就是要使每个人的天性和与生俱来的能力得到健康生长，而不是把外面的东西例如知识灌输进一个容器。苏格拉底早已指出，求知是每个人灵魂里固有的能力，当时的智者宣称他们能把灵魂里原本没有的知识灌输到灵魂里去，苏格拉底嘲笑道，好像他们能把视力放进盲人的眼睛里去似的。懂得了"教育即生长"的道理，我们也就清楚了教育应该做什么事。比如说，智育是要发展好奇心和理性思考的能力，而不是灌输知识；德育是要鼓励崇高的精神追求，而不是灌输规范；美育是要培育丰富的灵魂，而不是灌输技艺。

"生长就是目的，在生长之外别无目的"，这是特别反对用狭隘的功利尺度衡量教育的。人们即使似乎承认了"教育即生长"，也一定要给生长设定一个外部的目的，比如将来适应社会、谋求职业、做出成就之类，仿佛不朝着这类目的努力，生长就没有了任何价值似的。用功利目标规范生长，结果必然是压制生长，实际上仍是否定了"教育即生长"。生长本身没有价值吗？一个天性得到健康发展的人难道不是既优秀又幸福的吗？就算用功利尺度——广阔的而非狭隘的——衡量，这样的人在社会上不是更有希望获得真正意义上的成功吗？而从整个社会的状况来看，正如罗素所指出的，一个由本性优秀的男女所组成的社会，肯定会比相反的情形好得多。

第二条箴言：儿童不是尚未长成的大人，儿童期有其自身的内在价值。

用外部功利目的规范教育，无视生长本身的价值，一个最直接、最有害的结果就是否定儿童期的内在价值。把儿童看作一个"未来的存在"，一个尚未长成的大人，在"长大成人"之前似乎无甚价值，而教育的唯一目标是使儿童为未来的成人生活做好准备，这种错误观念由来已久，流传极广。"长大成人"的提法本身就荒唐透顶，仿佛在长大之前儿童不是人似的！蒙台梭利首先明确地批判这种观念，在确定儿童的人格价值的基础上建立了她的儿童教育理论。杜威也指出，儿童期生活有其内在的品质和意义，不可把它当作人生中一个未成熟阶段，只想让它快快地过去。

人生的各个阶段皆有其自身不可取代的价值，没有一个阶段仅仅是另一个阶段的准备。尤其儿童期，原是身心生长最重要的阶段，也应是人生中最幸福的时光，教育所能成就的最大功德是给孩子一个幸福而有意义的童年，以此为他们幸福而有意义的一生创造良好的基础。然而，今天的普遍情形是，整个成人世界纷纷把自己渺小的功利目标强加给孩子，驱赶他们到功利战场上拼搏。我担心，在他们未来的人生中，在若干年后的社会上，童年价值被野蛮剥夺的恶果不知会以怎样可怕的方式显现出来。

第三条箴言：教育的目的是让学生摆脱现实的奴役，而非适应现实。

这是西塞罗的名言。今天的情形恰好相反，教育正在全力做一件事，就是以适应现实为目标塑造学生。人在社会上生活，当然有适应现实的必要，但这不该是教育的主要目的。蒙田说：学习不是为了适应外界，而是为了丰富自己。孔子也主张，学习是"为己"而非"为人"的事情。古往今来的哲人都强调，学习是为了发展个人内在的精神能力，从而在外部现实面前获得自由。当然，这只是一种内在自由，但是，正是凭借这种内在自由，这种独立人格和独立思考能力，那些优秀的灵魂和头脑对于改变人类社会的现实发生了伟大的作用。教育就应该为促进内在自由、产生优秀的灵魂和头脑创造条件。如果只是适应现实，要教育做什么！

第四条箴言：最重要的教育原则是不要爱惜时间，要浪费时间。

这句话出自卢梭之口，由我们今天的许多耳朵听来，简直是谬论。然而，卢梭自有他的道理。如果说教育即生长，那么，教育的使命就应该是为生长提供最好的环境。什么是最好的环境？第一是自由时间，第二是好的老师。在希腊文中，"学校"一词的意思就是闲暇。在希腊人看来，学生必须有充裕的时间体验和沉思，才能自由地发展其心智能力。卢梭为其惊世骇俗之论辩护说："误用光阴比虚掷光阴损失更大，教育错了的儿童比未受教育的儿童离智慧更远。"今天许多家长和老师唯恐孩子虚度光阴，驱遣着他们做无穷的功课，不给他们留出一点儿玩耍的时间，自以为这就是尽了做家长和老师的责任。卢梭却问你：什么叫虚度？快乐不算什么吗？整日跳跑不算什么吗？如果满足天性的要求就算虚度，那就让他们虚度好了。仔细想一想，卢梭多么有道理，我们今日的所作所为正是在逼迫孩子们误用光阴。

到了大学阶段，自由时间就更重要了。依我之见，可以没有好老师，不可没有自由时间。说到底，一切教育都是自我教育，一切学习都是自学。就精神能力的生长而言，更是如此。我赞成约翰·亨利的看法：对于受过基础教育的聪明学生来说，大学里不妨既无老师也不考试，任他们在图书馆里自由地涉猎。我要和萧伯纳一起叹息：全世界的书架上摆满了精神的美味佳肴，可是学生们却被迫去啃那些毫无营养的、乏味的教科书。

第五条箴言：忘记了课堂上所学的一切，剩下的才是教育。

我最早在爱因斯坦的文章中看到这句话，是他未指名引用的一句俏皮话。随后我发现，它很可能脱胎于怀特海的一段论述，大意是：抛开了教科书和听课笔记，忘记了为考试背的细节，剩下的东西才有价值。

知识的细节是很容易忘记的，一旦需要它们，又是很容易在书中查到的。所以，把精力放在记住知识的细节，既吃力又无价值。假定你把课堂上所学的这些东西全忘记了，如果结果是什么也没有剩下，那就意味着你是白受了教育。

那个应该剩下的配称为"教育"的东西，用怀特海的话说，就是完全渗入你的身心的原理，一种智力活动的习惯，一种充满学问和想象力的生活方式，用爱因斯坦的话说，就是独立思考和判断的总体能力。按照我的理解，通俗地说，一个人从此成了不可救药的思想者、学者，不管今后从事什么职业，再也改不掉学习、思考、研究的习惯和爱好了，方可承认他是受过了大学教育。

第六条箴言：大学应是大师云集之地，让青年在大师的熏陶下生长。

教育的真谛不是传授知识，而是培育智力活动的习惯、独立思考的能力等，这些智力上的素质显然是不可像知识那样传授的，培育的唯一途径是受具有这样素质的人——不妨笼统地称之为大师——的熏陶。大师在两个地方，一是在图书馆的书架上，另一便是在大学里，大学应该是活着的大师云集的地方。正如怀特海所说：大学存在的理由是，拥有一批充满想象力的探索知识的学者，使学生在智力发展上受其影响，在成熟的智慧和追求生命的热情之间架起桥梁，否则大学就不必存在。

林语堂有一个更形象的说法：理想大学应是一班不凡人格的吃饭所，这里碰见一位牛顿，那里碰见一位佛罗特，东屋住了一位罗素，西屋住了一位拉斯基，前院是惠定宇的书房，后院是戴东原的住房。他强调："吃饭所"不是比方，这些大师除吃饭外，对学校绝无义务，学校送薪俸请他们住在校园里，使学生得以与其交游接触，受其熏陶。比如牛津、剑桥的大教授，抽着烟斗闲谈人生和学问，学生的素质就这样被烟熏了出来。

今天的大学争相标榜所谓世界一流大学，还拟订了种种硬指标。其实，事情本来很简单：最硬的指标是教师，一个大学拥有一批心灵高贵、头脑智慧的一流学者，它就是一流大学。否则，校舍再大，楼房再气派，设备再先进，全都白搭。

第七条箴言：教师应该把学生看作目的而不是手段。

这是罗素为正确的师生关系规定的原则。他指出，一个理想教师的必备品质是爱他的学生，而爱的可靠征兆就是具有博大的父母本能，如同父母感觉到自己的孩子是目的一样，感觉到学生是目的。他强调：

教师爱学生应该甚于爱国家和教会。针对今日的情况，我要补充一句：更应该甚于爱金钱和名利。今日一些教师恰恰是以名利为唯一目的，明目张胆地把学生当作获取名利的手段。

教师个人是否爱学生，取决于这个教师的品德。要使学校中多数教师把学生看作目的而不是手段，则必须建立以学生为目的的教育体制。把学生当作手段的行径之所以大量得逞，重要原因是教师权力过大，手握决定学生升级毕业之大权。所以，我赞同爱因斯坦的建议：给教师使用强制措施的权力应该尽可能少，使学生对其尊敬的唯一来源是他的人性和理智品质。与此相应，便是扩大学生尤其是研究生的权利，在教学大纲许可的范围内，可以自由选择老师和课程，可以改换门庭，另投高明。考核教师也应主要看其是否得到学生的爱戴，而非是否得到行政部门的青睐。像现在这样，教师有本事活动到大笔科研经费，就有多招学生的权力，就有让学生替自己打工的权力，否则就受气，甚至被剥夺带学生的权力，在这种体制下，焉有学生不沦为手段之理。

2007年3月

守护人性

　　我不在教育界工作，更不是教育家，怎么也来谈教育了呢？可是，在今天，目睹弊端丛生的教育现状，哪个有责任心的中国人不在为教育忧思？身受弊端的危害，哪个心力交瘁的家长不在埋怨教育？那么，我也和大家一样，只是以一个公民的身份发表一些感想罢了。

　　当然，既然我是学哲学的，当我思考教育问题时，就一定会把这个专业背景带进来。我在哲学上做的工作，大量是对人生问题的思考。不过，我相信，人生问题和教育问题是相通的，做人和教人在根本上是一致的，人生中最值得追求的东西，也就是教育上最应该让学生得到的东西。我的这个信念，构成了我思考教育问题的基本立足点。

　　人生的价值，可用两个词来代表，一是幸福，二是优秀。优秀，就是人之为人的精神禀赋发育良好，成为人性意义上的真正的人。幸福，最重要的成分也是精神上的享受，因而是以优秀为前提的。由此可见，二者皆取决于人性的健康生长和全面发展，而教育的使命即在于此。

不错，这只是常识而已。唯因如此，真正可惊的是，今天的教育已经多么严重地违背了常识。一种教育倘若完全不把人性放在眼里，只把应试和谋生树为目标，使受教育者的头脑中充满死记硬背的知识，心中充满谋生的焦虑，对于人之为人的精神性的幸福越来越陌生，距离人性意义上的优秀越来越遥远，我们的确有权问一下：这还是教育吗？

有智者说：经济决定今天，政治决定明天，教育决定未来。此言极是，因此，最令人担忧的是今天教育的久远后果，一代代新人经由这种教育走上了社会，他们的精神素质将决定未来中国数十年乃至上百年的精神水准和社会面貌。让教育回归人性，已是刻不容缓之事，拖延下去，只会愈加积重难返，今后纠正起来更加事倍功半。

无论个人、民族，还是人类，衡量其脱离动物界程度的尺子都是人性的高度，而非物质财富。个人的优秀，归根到底是人性的优秀。民族的伟大，归根到底是人性的伟大。人类的进步，归根到底是人性的进步。人性是"由无数世代苦心积累的神圣不可侵犯的庙堂珍宝"（尼采语），守护这一份珍宝，为之增添新的宝藏，是人类一切文化事业的终极使命，也是教育的终极使命。

据我所见，凡大哲学家都十分重视教育，他们致力于人性和人类精神的提升，而唯有凭借正确的教育，这个事业才有成功的希望。我一直想系统地研习大师们的教育著述，不做完这项工作，我知道自己对教育是说不出真正有分量的话的。我一定会做这项工作的，请假我以时日。现在这个集子，只是汇编了我迄今为止与教育有关的文字，我自己并不满意，但暂时只好如此。我相信，在针对今天教育发出的众多清醒的声音之中，我的加入多少也能起一点儿积极的作用。

（本文为2009年版《周国平论教育》序）

2009年5月

传承高贵

关于教育的使命，可以有种种不同的表述。但是，在我看来，无论怎么表述，出发点都应该是对人类生活和个人生活的目标的定位。在谈教育之前，我们首先要确定，对于人类和个人来说，怎样的生活状态是值得追求的。做这个判断当然不是根据某种抽象的理想，因为我们已经拥有几千年的人类文明史，而对某个值得追求的目标的不懈追求是这部文明史中的事实。人类历史上曾经产生过一些伟大人物，不论他们属于哪个民族，共同的目标是人性的进步，使人性中的高贵成分得到发展，使人类臻于美好和完善。借用《圣经》中的比喻，上帝是按照自己的形象造人的，那么，在自己身上守护上帝的形象，让人的精神性得到印证，便是人的职责。这就是高贵，而高贵是一种精神血脉的传承，教育的使命——使命中的本质部分——即在其中。

天生万物，唯独人有能思考真理的头脑，能感受美和崇高的心灵，能追求至善和永恒的灵魂，因为这些精神性的品质，人才成其为万物之灵。为了生存和发展，人需要改变外部世界，从事物质生产，因此积累了实用性的知识。在教育中，知识的学习是一个必要部分。然而，如果脱离人类精神性品质的传承，只是传授实用性知识，这样的教育就会把人引向与万物之灵相反的方向，使之成为万物中平庸的一员，至多是生存技能高超的一个动物罢了，因而不配称作教育，只配称作谋生训练。真正的教育理应使人在知识面前保持头脑的自由，在功利世界面前保持心灵的丰富，在物质力量面前保持灵魂的高贵。

这就对学校和教师提出了很高的要求。我们总是在考核学生，英国哲学家怀特海说得好：首先应该考核的不是学生，而是学校。要在学生心中传承高贵，必须让他们经常目睹高贵，因此一所学校必须拥有相当数量的教师，他们身上真正体现高贵。他们的作用，一是作为高贵的榜样，对学生产生潜移默化的熏陶；二是在教学中善于把知识的传授和文化的传播结合起来。教师自己应该是一个有文化底蕴的人，不论他教什么课，都能把文化底蕴带入所传授的知识中。事实上，一个没有文化底蕴的教师，他讲课一定是单调刻板的，在知识的传授上也是效果甚差。在这一方面，学生是最公正的裁判，他们本能地喜爱有激情和想象力的老师，讨厌照本宣科的教书匠。教师自己充满对精神事物的热情，才能在学生身上点燃同样的热情。

有两个传承高贵的圣殿，一是优秀教师的课堂，二是摆满大师作品的图书馆。那些伟大的书籍记录了人类精神追求的传统，通过阅读它们，你就进入了这个传统。所以，一所好的学校，第一要有一批好的教师，第二要给学生留出自由时间，鼓励和引导高质量的课外阅读。其实这两点是互相联系的，一批好教师往往能带出良好的阅读风气，而唯应试是务的学校就必然剥夺学生的自由时间。对于学生来说，后一种情况是灾难，这种灾难在今天已呈普遍之势。倘若有聪明的学生来问我怎么办，我只能说，没有人能够真正阻止你去读那些伟大的书籍，而你一旦从中领悟了高贵的魅力和价值，就会明白一切代价都是值得付出的。

〔本文为2015年版《周国平论教育》（第二册）序〕

2014年6月

让教育回归常识，回归人性

——曹保印《聆听教育的真声音》序

近些年来，媒体报道过大大小小发生在学生身上的悲剧性事件。这些事件既是触目惊心的，又是发人深省的。然而，由触目惊心到发人深省，还必须听者有心。曹保印就是这样一个有心人。在本书中，他选择了相当数量的典型个案，从教育的角度对之进行认真分析。正如他所警告的，倘若人们仅仅把这些事件当作"新闻"看待，过眼即忘，不予重视，就难保自己的孩子有一天不会成为这类"新闻"中的主角。为了我们的孩子，是到全社会关注教育的时候了。

中国现行教育的弊端有目共睹，教育事实上已成为民众受害最烈、怨声最多的领域之一，引起了越来越多有识之士的忧思。根本的症结当然是在体制上，举其大者，一是教育资源分配不公和市场化名义下的高收费、乱收费，导致大量贫困家庭子女实际上被剥夺受教育的权利，二是应试教育变本加厉，三是教育目标和过程的急功近利。在这三种因素交互作用下，滋生了种种教育腐败现象。体制问题的解决，一方面要靠民意充分表达，另一方面要靠政府痛下决心。自今年"两会"召开以来，我们在这两个方面都看到了一些积极的迹象。

但是，体制的改革非一日之功，我们不能坐等其完成。我们应看到，即使在现行体制下，老师和家长仍拥有相对的自由，可以为自己的学生和孩子创造一个尽可能好的小环境，把大环境对他们的危害缩小到最低程度。当然，这就要求老师和家长站得足够高，对于现行体制的弊端有清醒的认识，对于教育的理念有正确的理解。可以想象，这样的老师和家长多了，不但其学生和孩子受益，而且本身就能成为促进体制变革的重要力量。说到底，有什么样的人民，就有什么样的制度。

事实上，发生在学生身上的悲剧，虽可追根溯源到体制的弊端，但基本上都有小环境的直接导因。比如说，现在学生自杀事件频繁而且呈低龄化趋势，其中有一大部分，学生的老师或家长难辞其咎。在本书所分析的个案中，就有多起初中学生因为不堪教师的虐待和羞辱而自杀的事例，有的学生在遗书中明言，自杀是为了以死证明他的老师没有资格做老师。因为学习成绩不好或未完成作业，家长对孩子体罚，逼死甚至打死孩子，这样的事情也时有发生。死亡事件只是冰山一角，不知还有多少孩子生活在极端非人性的小环境中，身心遭受着严重摧残，我为所有这些孩子感到悲伤和愤怒。

当然，最后仍无法回避体制的问题，因为在现行应试教育和急功近利的体制下，中国孩子的成长环境在总体上就是非人性的，普遍承受着与年龄极不相称的功课负担和功利期待，其恶果是童年被无情地剥夺，人性遭到扭曲。本书所分析的对生命冷漠和残忍、为小事自杀或杀人、校园暴力等事例说明，相当一些孩子在人性上存在着缺陷。这些事例也只是冰山一角，今日孩子们的心理问题一定是很普遍的，在不太人性的总体环境中仍能生长出健全的人性，这只能是幸运的例外。

教育的基本道理并不复杂，其主要使命就是提供一个良好的环境，使受教育者所固有的人性特质得到健康的生长，成为人性健全的人。毫无疑问，一个人唯有人性健全才可能真正幸福，也才可能真正优秀。毫无疑问，一个由这样的人组成的社会才能够是一个真正和谐和生机勃勃的社会。如同作者所说，这本来是一个常识，我们所需要做的只是听从常识的指引，实践这个常识。令人震惊的是，我们的教育在做着与常识相反的事情，这么多的家长和老师在做着与常识相反的事情，而大家似乎都停不下来，被一种莫名的力量推着继续朝前走。当此之际，我愿借本书呼吁：本书所涉及和未涉及的无数悲剧事件早已敲响警钟，应该结束这种大规模的愚昧了，让教育回归常识，回归人性，回归教育之为教育。也许，我们还来得及。

2006年4月

教育和培训的不同

——在《新京报》"教之道"年度论坛上的演讲(提纲)

一、区分两类梦想

有两类梦想。

一类是精神理想。对应于人的精神属性,理性上追求真,人类因此有了哲学和科学;情感上追求美,人类因此有了文学和艺术;意志上追求善,人类因此有了道德和信仰。这三者在社会构成精神文明,在个人构成精神素质。它们不能直接变成现实,而是指引方向,体现在社会实践和个人行为中。

另一类是现实蓝图。从社会来说,有两个方面。一是政治体制,即法治,包含自由、平等、民主、公正,构成政治文明,其实质是精神理想即善和正义在社会层面的实现。二是经济实力,即富强,构成物质文明。

教育的使命,一方面是唤醒、培育、绽放前一种梦想,使民族成为文明的民族，个人成为优秀的个人；另一方面是筹划、实现后一种梦想，使民族成为富强的民族，个人成为成功的个人。前者更根本，是教育的灵魂和终极使命。

二、教育和培训的不同

尼采曾经论述过教育与生计的区别。生计是为了生存而学习知识技能，超出于此，教育才开始。以谋生为目标的教育不是真正的教育，只是指导生存斗争的说明书，相关机构不是真正的教育机构，只是生计机构。真正的教育是女神，以谋生为目标的所谓教育只是有智识的女仆、女管家。

他这个论述的背景，是当时德国教育出现了两种倾向，一方面数量扩张，另一方面内涵缩减。德国教育实行双轨制，文科中学进行古典人文教育，学生可以升普通大学；实科中学进行职业培训，学生可以升职业高校，不能升普通大学。但是，因为文科中学扩招，与实科中学的区别在消失，随之大学也扩招。尼采认为这导致了仅剩两种教育，一种是速成，受教育者能快速成为挣钱的生物；另一种是深造，受教育者能成为挣许多钱的生物。

在德语中有两个词，我们一般都译作教育。一个是"Bildung"，原意是一个东西按它的本性形成；另一个是"Erziehung"，原意是一个东西按它的功用培植。前者才是真正的教育，就是人的形成，精神属性的生长，使受教育者成为人性意义上优秀的人；后者可以译作培训，就是以职业为目标的知识传授和技能训练。教育是实现人作为目的的价值，培训是实现人作为工具的价值。所以，超出培训才有教育，限于培训则没有教育。

我们今天更应该思考，教育有没有超出职业培训之上的更高使命。

三、真正的教育不可缺少的课程

第一是哲学，哲学应该是必修课。要名副其实，引导学生爱智慧，想根本问题。教材以问题为中心，汇编哲学家们主要的不同观点，没有标准答案，启发独立思考。可以借鉴法国中学的做法，不论报考文科还是理科，最后学年都以哲学课为主，高考第一门考哲学，只有这门是全国统考，不合格就不能上大学，被称为法国人的成人礼。

第二是通识课，内容为中外人文经典选读。

四、今天仍需要精英教育

精英是从事高级文化研究的人才。我们今天仍需要精英教育，理由有二。第一，高级文化的重要性。哲学、自然科学、社会科学、人文学科体现一个民族精神能力发展的高度，并且引领个体精神能力的生长。其水平决定了整体教育的水平，如果落后，个体生长的环境差，整体教育也一定落后。第二，个体禀赋的差异，相关的专门人才必是少数。

高等教育原是精英教育，现在国际趋势是大众化（毛入学率15%～50%）、普及化（50%以上）。中国1999年开始院校升级和扩招，导致学校类型单一化，职业学校萎缩，现在已达到大众化水平，大学生数量和博士学位授予世界第一。后果一是数量大跃进，质量大倒退；二是精英教育和职业培训皆缺失，高不成低也不成，毕业即失业。

精英教育不可能普及，普及的结果必是取消。教育理应分层，至少将研究生教育保留为精英教育。分层不等于不公平，公平不是平均化。三项措施实现公平：机会公平；选拔方式科学和透明；不同层级之间道路畅通。育人（培育精神能力）贯穿各层级，职业学校亦然，只是不以文化为专业而已。

2015年1月

我的教育梦很古老

——答《上海教育》杂志

问：您认为在教育国际化的发展中，该如何坚守和弘扬民族优秀文化，增强价值观自信？

答：在教育国际化的发展中，我们首先应该具有世界眼光和人类胸怀，坦然取他人之长补自己之短，这样才能激发和保持自己之长的生命力，这才是真正的价值观自信。

问：在您的个人成长中，哪些因素起了决定性的作用？

答：阅读和思考。写作是我思考的一种手段和方式。内在的自我借此而生长，越来越比外在的自我强大，并且把它的一切经历变成自己的财富。

问：在您的记忆中，哪项学校的教育活动对您的成长产生过重要影响？

答：比如说，初中时上海在中学生里举办的"红旗奖章读书运动"，使我确知读书是光荣的，坚定了我的阅读习惯。

问：在您的记忆中，哪位老师对您的影响最大？是否能举例说明？

答：很遗憾，没有。我觉得我一直是自学的。从中学到大学，课外阅读是我的主课。在大学里，有一个同学对我影响极大，因为他更是自学的。

问：在您看来，未来社会需要怎样的人才？需要怎样的教师？需要怎样的学校？

答：我们最需要的是人，人才倒在其次。教育是人的成长，是真正的人的形成。背离此，就不会有人才，只会有工具之才。

问：请您描述一下您心中的教育梦。

答：我的教育梦很古老，先秦的诸子百家、古希腊的哲学家学园是样板。

2014年12月

第二辑

向教育争自由

向教育争自由，
做一个在兴趣引导下自主学习的自我教育者。

向教育争自由

　　逝世前一个月，正值母校苏黎世联邦理工学院成立一百周年，爱因斯坦应约为之写纪念文章。在文章中，他没有为母校捧场，反而是以亲身经历批评了学校教育体制的不合理。他回忆说，入学以后，他很快发现自己不具备做一个"好学生"所需要的一切特性，诸如专心于功课、遵守课堂纪律、认真记笔记和做作业，等等。因此，他便始终满足于做一个成绩中等的学生，而把主要精力放在自己真正感兴趣的东西上，"以极大的热忱在家里向理论物理学的大师们学习"。

　　他接着回忆说，毕业以后，他感到极大幸福的是在专利局找到了一份实际工作，而不是留在学院里从事研究。"因为学院生活会把一个年轻人置于这样一种被动的地位：不得不去写大量科学论文——结果是趋于浅薄。"他在专利局一干就是七八年，业余时间埋头于自己的爱好，这正是他一生中"最富于创造性活动"的时期。

　　据我所知，爱因斯坦的经历绝非例外。不论在科学领域，还是在哲学、文学、艺术领域，几乎所有的天才人物在学校读书时都不是

"好学生"，都有过与当时的教育制度作斗争的经历。可以毫不夸张地说，他们的成才史就是摆脱学校教育之束缚而争得自主学习的自由的历史。

爱因斯坦在晚年时异常关心教育问题，我认为可以把这看作这位伟人留给我们的最重要的精神遗嘱。他不是那种拘泥于某个特定领域的科学工作者，而是一个对精神事物有着广泛兴趣和深刻理解的大思想家。他十分清楚从事精神创造的基本因素是什么，因而教育应该为此提供怎样的条件。在他的有关论述中，我特别注意到两个概念。一是"神圣的好奇心"，即探究未知事物的强烈兴趣，以及在这探究中所获得的喜悦和满足感。二是"内在的自由"，即不受权力和社会偏见的限制，也不受未经审察的常规和习惯的羁绊，而能进行独立的思考。如果说前者是每个健康孩子都有的心理品质，那么，后者是要靠天赋加上努力才能获得的能力。在一切伟大的精神创造者身上，都鲜明地存在着这两种特质。这两种特质的保护或培养都有赖于外在的自由。因此，学校教育的主要使命就是提供一个自由的环境，对两者都予以鼓励，最低限度是不要去扼杀它们。遗憾的是，事实恰好相反，以至于爱因斯坦感叹道："现代的教育方法竟然还没有把研究问题的神圣好奇心完全扼杀掉，真可以说是一个奇迹。"

今天，现行教育体制的弊病已经引起了社会的广泛注意。但是，完全可以预料，出于种种原因，情况的真正改变将是一个极其漫长的过程。在这个过程中，一代代的学生仍然会不同程度地身受其害。有鉴于此，我特别想对学生们说：你们手中毕竟掌握着一定的主动权，既然在这种有弊病的教育体制下依然产生出了许多杰出人物，那么，你们同样也是有可能把所受的损害降到最低限度的。为了做到这一点，就必须像爱因斯坦那样，善于向现行教育争自由，不要去做各门功课皆优的"好学生"，而要做一个能够按照自己的兴趣安排学习计划的"自我教育者"。在我看来，一个人在大学阶段培养起了自主学习的兴趣和能力，找到了真正吸引自己的学科方向和问题领域，他的大学教育就可以说是出色地完成了，这一收获必将使他终身受益。至于课堂知识，包括顶着素质教育的名义灌输的课本之外的知识，实在不必太认真看待。为了明白这个道理，你们不妨仔细琢磨一下爱因斯坦引用的一个调皮蛋给教育所下的定义："如果你忘记了在学校里学到的一切，那么所剩下的就是教育。"

2001年6月

剩下的才是教育

在论教育的名言中，我特别喜欢这一句俏皮话：忘记了课堂上所学的一切，剩下的才是教育。

爱因斯坦和怀特海都说过这个意思的话。爱因斯坦是大科学家，怀特海是大哲学家，两人都是智力活动的大师。凡智力活动的大师，正因为从自己身上亲知了智力活动的性质和规律，所以皆深通教育之真谛。他们都是出色的自我教育者，而教育的道理不过是他们自我教育的经验的举一反三罢了。

据我所见，没有一个大师是把知识当作教育的目标的。他们当然都是热爱知识、拥有知识的人，但是他们一致认定，在教育中有比知识重要得多、根本得多的东西，那个东西才是目标。

其实，不必大师，我们这些受过一定教育的普通人也能从自身经历中体会到这个道理。不妨回想一下，从小学到大学，学了这么多课本知识，现在仍记得的有多少？恐怕少得可怜，至少在全部内容中所占比例不会多。大致来说，能记住的东西不外乎两类，一是当时就引起了强烈兴趣因而留下了深刻印象的东西，二是后来因为不断重温而得到了巩固的东西。属于后者的，例如在生活和阅读中经常遇见的语言文字，与自己所从事的专业相关的基础知识。事实正是这样：任何具体的知识，倘若不用，是很容易忘记的；倘若需要，又是很容易在书中查到的，而用得多了，记住就是自然而然的事情了。所以，让学生把主要精力放在背诵具体的知识上，既吃力又无必要，而且说到底没有多大价值。

那么，那个应该剩下的配称为教育的东西是什么呢？依我看，就是两种能力，一是快乐学习的能力，二是自主学习的能力。教育的目的，第一要让学生喜欢学习，对知识充满兴趣；第二要让学生善于学习，在知识面前拥有自由。一个学生在总体上对人类知识怀有热烈的向往和浓厚的兴趣，又能够按照自己的兴趣方向来安排自己的学习，既有积极的动力，又有合理的方法，他就是一个智力素质高的学生。这样的学生，日后一定会自己不断地去拓展知识的范围，并朝某一个方向纵深发展。

学习是一辈子的事，学校教育仅是一生学习的开端，即使读到了研究生毕业，情况仍是如此。然而，我们看到的现实是，许多人一走出校门，学习就停止了，此后最多是被动地接受一些职业的培训。检验一个人的学校教育是否合格，最可靠的尺度是看他走出校门后能否坚持自主学习。大学是培养知识分子的地方，可是一个人取得了本科乃至研究生的学历和文凭，并不就算是知识分子了。唯有真正品尝到了智力活动的快乐，从此养成了智力活动的习惯，不管今后从事什么职业，再也改不掉学习、思考、研究的习惯了，这样一个人，我们方可承认他是一个知识分子。我如此定义知识分子：一个热爱智力生活的人，一个智力活动几乎成了本能的人。这个意义上的知识分子与文凭和职业无关。据我所见，各个领域里的有作为者，都一定是自觉的终身学习者和思考者。

当然，在学校里，具体知识的学习仍有相当的重要性，问题是要摆正其位置，使之服从于培养智力活动习惯这个主要目标。在这一点上，中学阶段的任务格外艰难。怀特海如此划分智力发展的阶段：小学是浪漫阶段，中学是精确阶段，大学是综合运用阶段；小学和大学都自由，中学则必须是自由从属于纪律。在全世界，中学生和中学老师都是最辛苦的，因为无论从年龄的特征来说，还是从教学的顺序来说，中学都是最适合于奠定文理知识基础的阶段，知识的灌输最为密集。但是，唯因如此，就更有必要十分讲究教材的编写和教学的方法，以求最大限度地引发学生学习和思考的兴趣。

怀特海说：在中学，学生伏案于课业，进了大学，就要站起来环顾周围了。是的，大学是自由阶段。那么，像我们这样，学生在中学里被应试的重负压得喘不过气，现在终于卸下重负，可以尽兴地玩了，这就是自由吗？显然不是。怀特海说的自由，是指在大学的学习中，具体知识退居次要地位，最重要的是透彻理解所学专业的原理——不是用文字叙述的原理，而是渗透你的身心的原理，知识的细节消失在原理之中，知识的增长成为越来越无意识的过程。这是一个饱满的心智在某个知识领域里的自由，其前提正是对人类知识的一般兴趣和对所学专业的特殊兴趣。倘若一个学生没有这两种兴趣，只是凭考分糊里糊涂进了某个专业，他当然与这样的自由无缘了。

最后回到那句名言，我们可以说：假如你忘记了课堂上所学的一切，结果是什么也没有剩下，你就是白受了教育。想一想我们今日的教育，白受了教育的蒙昧人何其多也。当然，责任不在学生，至少主要不在学生。

2011年3月

尼采反对扩招

尼采的一部早期著作，题为《论我们教育机构的未来》，是他在巴塞尔大学的五次公开演讲，尚无中译本，我挑一点儿有趣的内容说一说。

德国的学校长期实行双轨制，中学分为文科中学和实科中学。前者着重古典人文教育，学生毕业后可升入大学深造；后者着重职业培训，学生没有升大学的资格。到了尼采的时代，这个界限变得模糊了，主要的表现是，文科中学向实科中学看齐，大规模扩招，而这意味着大学也以相应的规模扩招。同时，在教学内容上，古典人文教育大为削弱，强化了职业培训。对于这个倾向，尼采深感忧虑，为了说明他的忧虑之所在，我引一段他的原话——

"普及教育是最受欢迎的现代国民经济教条之一。尽量多的知识和教育——导致尽量多的生产和消费——导致尽量多的幸福：这差不多成了一个响亮的公式。在这里，利益——更确切地说，收入，尽量多赚钱——成了教育的目的和目标。按照这一倾向，教育似乎被定义成了一种眼力，一个人凭借它可以'出人头地'，可以识别一切容易赚到钱的捷径，可以掌握人际交往和国民间交往的一切手段……按照这种观点，人们主张'智识与财产结盟'，它完全被视为一个道德要求。在这里，任何一种教育，倘若会使人孤独，倘若其目标超越了金钱和收益，倘若耗时太多，便是可恨的……按照这里通行的道德观念，所要求的当然是相反的东西，即一种速成教育，以求能够快速成为一个挣钱的生物，以及一种所谓的深造教育，以求能够成为一个挣许多钱的生物。一个人所允许具有的文化仅限于赚钱的需要，而所要求于他的也只有这么多。简言之，人类具有对尘世幸福的必然要求——因此教育是必要的——但也仅仅因为此。"

人为了谋生必须学习相关的技能，这本身无可否认也无可非议，尼采反对的是把它和教育混为一谈，用职业培训取代和排挤了真正的教育。他强调，"任何一种学校教育，只要在其历程的终点把一个职位或一种谋生方式树为前景，就绝不是真正的教育"，而只是一份指导人们进行生存斗争的"说明书"，相关的机构则是一些"对付生计的机构"，绝不是真正的教育机构。他心目中的真正的教育，其核心是人文教育，是精神素质的培养和文化的创造。

尼采并不反对生计机构，但要求把它和教育机构加以区分，不能把所有的学校都办成生计机构。他预言，既然文科中学和实科中学在总体目标上已经无甚区别，不久后大学也理应向实科中学的毕业生开放。他的预言在三十年后得到了应验。然而，这种应验是令他痛苦的，因为在他看来，这意味着真正的教育机构已被生计机构同化和吞并。

双轨制的取消也许是教育民主化进程的必然，这不是问题的关键所在。尼采提出的根本问题是：教育有无超出职业培训之上的更高使命？仅以谋生为目标的教育还是不是真正的教育？在教育日趋功利化的今天，这个问题更加尖锐地摆在了人们面前。

尼采还注意到了扩招产生的一个突出问题，就是教师和学生的素质大为下降。他指出，哪怕一个优秀的民族，能够胜任教育事业的人才也是相当有限的，而扩招使太多不够格的人进入了教师队伍。与此同时，大量不合格的学生也涌进了学校。在这种情况下，真正优秀的教师必然地被边缘化了，因为他们既没有平庸教师的数量优势，其实也最不适合于教育那些胡乱集合起来的青年。相反，平庸的教师则如鱼得水，因为他们的禀赋与多数学生的胸无大志、精神贫乏处于某种协调的关系之中。

事实上，扩招的最大受害者是学生。在学校里，"无人能够抗拒那个使人疲惫、糊涂、神经紧张、永无喘息之机的强迫性教育"。很多人走出大学校门，等待着他们的是纠结和失败的人生。尼采生动地描绘了这种纠结和失败：走上被雇用的岗位之后，他们感到无力引导自己，于是绝望地沉浸到日常生活和劳作的世界里面；他们不甘心，企图振作起来，抓向某一个支撑物，可是徒劳；在悲凉的心情中，他们放弃了理想，准备去追求任何实际的乃至低级的利益；他们被卷入了时代的永不停歇的骚动之中，仿佛被切割成了碎片，不再能领略那种永恒的愉悦；他们受尽怀疑、振奋、生计、希望、沮丧的捉弄，最后让缰绳松开，开始蔑视自己……

做这一组演讲时，尼采才二十七岁，距学生时代不远，但已经在巴塞尔大学做了三年教授。无论是之前作为学生，还是当时作为年轻教师，他对学校教育的状况都有切身的感受。扩招只是现象，实质是教育的功利化和真正的教育之缺失。他面对的主要听众是大学生，他寄希望于其中"被相同的感受所震荡"的少数人，呼唤他们投身教育事业，为德国教育机构的新生而奋斗。可是，在他发出这个呼唤之后，不但德国，而且全世界的教育机构都在功利化的路上走得更远了。就此而论，面对当时初露端倪的现代教育之趋势，尼采既是一位预言家，又是一个堂吉诃德。

2011年9月

教育不是热闹的事

　　——为颜凤岭校长的书作序

　　颜凤岭毕生从教，担任北京第一实验小学校长也有十几年了。现在，他把任校长期间的文章和讲话结集出版，我毛遂自荐为之写序。

　　颜校长是一个很低调的人。身为百年名校的校长，他却最不喜欢抛头露面。读他的文字，听他的谈话，你都会觉得朴实无华。可是，读下去，听下去，你便会发现其中大有深意和新意。据我体会，他有两大特点，一是深思，二是实干。他想得多，做得多，写和说都很少，但从这有限的记录中，更能够强烈地感受到他的深思和实干。他对教育有深入系统的思考，认准了正确的目标之后，就扎实地贯彻在学校的全部工作之中。书中有言："现在把教育搞得太热闹，教育不是热闹的事。"此言很能反映他的志趣。做校长不是做风云人物，而是要做一个有远见卓识的脚踏实地的教育实践家。

　　通过思考和实践，颜校长形成了他的基本教育理念，归纳为四句话："文化育人，生活教人，发展为本，课比天大。"其中，"文化育人"

是最核心的理念，后三句话是这个理念在不同方面的体现。本书大致上是按照这四句话来构架的，当然这么划分是相对的，四句话原是整体，所以各章的内容必有交叉。

我本人对颜校长提出的"文化育人"理念十分赞赏。他所理解的"文化"，是指区别于科学知识的人文素质，亦即人的精神品质，包括智力、情感和道德。那么，"文化育人"就是要让这些精神品质得到良好的培育和发展。唯有如此，人作为精神性存在的价值才得以实现，人才真正作为人在生活。这是教育的根本目标之所在。然而，在今天的教育中，恰恰这个最重要的方面遭到了漠视，可见"文化育人"的提出既抓住了教育的本质，又是极有针对性的。

"文化育人"体现在教育管理上，就是"发展为本"。学校的全部工作都要围绕学生素质的全面发展这个根本来进行。学生的发展是中心，是学校存在的理由，而教师的发展则是学生发展之保障，学校的发展又是师生发展之依托。本书对这三个发展的关系阐述得十分清晰，而读者还可以看到，对于每一个发展，北京实验一小已经探索出了一套行之有效的具体做法。

"文化育人"体现在教学实践上，就是"课比天大"。上课是学校的头等大事，无论学生的发展，还是老师的发展，主要是通过上课来实现的。颜校长把人的行为分成行为层面、情感层面、精神层面，他强调，对于任何课程的效果，都要用这三个层面来要求和衡量。课堂教学不是只灌输知识和培育技能，而是应该培养学生过一种理性生活，获得好奇心的满足和精神品质的提高。在实践中，他十分重视参与，经常通过评课来和教师一起探讨教学的智慧和方法。

"文化育人"体现在学校建设上，就是"生活教人"。教育存在于生活中，生活是广泛的，还包括家庭生活、社会生活等，但是对学生来说，学校是具有特殊意义的生活场所，学校生活对学生的心灵会产生重要影响。北京实验一小非常重视校园环境的文化建设，巧妙地组合音乐、美术、文物、校史等元素，让学生处处感受文化的魅力，受到人文的熏陶。

　　在综述了本书的内容构架之后，我想说一说我的一点儿特别的感受。一位校长怎样管理一所学校，事实上取决于也体现了他的精神格调。我注意到，在本书中，颜校长多次谈到"神性"。他指出：人是有"神性"的，"神性"就是"追求高贵、伟大、卓越、永恒"，有"神性"的人才是"真正的人"。我是多么高兴听到一位中国的小学校长谈论"神性"啊，他是确有感悟的，深知人无法驾驭自己的具有偶然性的"生物性存在"，却可以用一生的努力去追求和完善自己的具有神圣性的"文化性存在"。因此，在当今中小学里都格外强调的德育问题上，他也有迥异于现行模式的深刻认识。他认为，基础教育阶段德育的根本任务是"实现人的文化启蒙"，启迪"善良"（同情心）和"神性"（对高贵的追求，人因此才具有尊严）。以此衡量，现行的一些做法恰恰是德育的反面，比如训练孩子们怎么受领导接见，怎么讨好领导，"这种我们每天不经意的教育对学生的影响至深，无意中是在传递文化糟粕"。我从这些识见中看出，"文化"实在是植根在他的"基因"里的，这样一个人当了校长，如此坚定而细致地实施"文化育人"的教育理念，就是毫不奇怪的了。

2014年5月

在人与永恒之间，教育何为？

——李政涛《教育与永恒》序

三十年前，我把随手记下的点滴人生感悟汇集起来，整理成一本小书出版，书名叫《人与永恒》。出版不久，赣南师范学院一个大学生读到这本书，无比喜欢，一字一字抄录了全书。他描述当时的感觉说："在一瞬间，我领会了哲学的力量，思想的力量。"三十年后，这个大学生已经是一位知名的教育学家，仍然不忘当年充满喜悦的激动，也用点滴感悟的形式写下他对教育的思考，于是有了这本《教育与永恒》。

书也有自己的道路。一个作家写了一本书，他不可能知道，他的书会以何种方式与不同的人相遇，灵魂的共鸣会以怎样出其不意的方式发生。人与人之间这种精神交感和影响的奇妙现象，每每令我感动和喟叹。

由《人与永恒》触发，李政涛教授写了《教育与永恒》，按照我的理解，此书要追问的问题便是：在人与永恒之间，教育何为？

人，生存于宇宙之中，宇宙是永恒的存在，人的生命却短暂，在人与永恒之间，似乎隔着无限的距离。但是，人不甘于短暂，要寻求永恒，人类的一切精神生活，皆是为了铺设一条超越之路，使人能够达于永恒。哲学和科学，用理性的思考铺路，以求达到的永恒是真。诗和艺术，用情感的体验铺路，以求达到的永恒是美。宗教和道德，用意志的自律铺路，以求达到的永恒是善。人类精神的这三种形式，在教育中融汇，教育的目标，正是要使理性、情感、道德这三种精神能力得到良好的生长，培养人性意义上优秀的人。好的教育培养出来的人，拥有自由的头脑，丰富的心灵，善良、高贵的灵魂，这样的人，就会成为肩负着人类使命的践行者，在他们身上，我们看到了人类朝向真善美行进的努力和希望。

当然，这只是我的回答，而且相当笼统。在本书中，作为教育学的研究者和教育事业的实践者，作者给出了具体的回答，贯穿在各个章节中。对于作者来说，"教育与永恒"这个题目有双重含义。其一，教育是他为自己选定的永恒的志业。其二，教育本身是对人类永恒的精神价值的追寻。教育者心中有永恒之目标，在教育的路途上尽管仍然会有迷惘，但内心是明亮的，前程是光明的。

本书的风格，有诗性的感悟，直觉的捕捉，自问自答式的内心独白和质疑。我欣赏这样的风格，随处有真知灼见闪烁，下面仅举几例。

关于教育的作用："教育是这个世界上最重要的十字路口，通往不同的方向，铸造不同的人生；但是，教育也有限度，是对人生限度的有限突破，它在个体身上最大的成功，就是最大限度地克服了这个人的人生限度。"

关于教育与时代的关系："教育在时代面前要保持独立性，不向风云变幻的时代妥协，而应该让时代向守护永恒价值的正确的教育妥协；优秀的个体要在自己身上克服时代，在没入时代的深水畅游之时，经常伸出头来仰望天空。"

关于教育时间："现在学校制定的时间表贯穿着权力逻辑，是对人的肉体的操控，导致肉体丧失了精神和理性；教育时间设计中极大的弊端是'满'和'精细'，导致了机械化和碎片化的人生。"

关于学校。正向问：学校是一个什么样的地方？是给学生以欢乐和希望，还是带来恐惧和厌倦的地方？是给学生以生长和发展，还是带来束缚和压制的地方？反向问：学校不是什么？不是生产物质财富的企业，不是推行行政逻辑的机关，不是让教师无条件服从长官命令的兵营，不是全方位管控师生的监狱，等等。正向和反向的诘问，皆促人反省创立学校的初心，学校遭遇的诸多困境，根源往往在于不把学校当学校。

读者可以看到，上述种种思考，都是在回答这个问题：在人与永恒之间，教育何为？

如果说，作者把本书当作对我的致敬之作，那么，我的这篇序言便是对作者的回敬之言。这个回敬，同时也是一个新的致敬，我以此向中国教育界一位有良知和独立思考的学者表达敬意。

2019年5月

功利化教育与其中的学生

—— 北师大《京师学人》杂志的采访

问：近日一名高二学生在国旗下演讲时把老师"审核"后的讲稿偷换成了自己撰写的"檄文"，炮轰教育制度，称学生是人而不是考试的机器。您如何看这名学生的举动？

答：我很赞赏这位学生的勇气。事实上，现在的教育制度把学生不当人而当成考试的机器，这几乎是所有学生的同感，他只是把这个同感说了出来而已。但他说的方式令人敬佩，换了别人也会发牢骚，可是在正式场合往往会说一些言不由衷的套话，而他偏偏选择一个似乎庄严的场合说真话，把似乎庄严变成了真正庄严。

问：身在中国，高考在所难免，您会让您的女儿走这条路吗？您是如何帮助您的女儿应对考试制度的？在其中怎样平衡应试教育和素质教育呢？您和您的女儿有代沟吗？您认为家庭教育和学校教育如何实现良性互动？

答：现行高考制度的主要弊端有二，一是一锤定终身，二是偏重课本知识而非独立思考。因此，解决的办法，一是减轻这一锤的威力，把平时的综合成绩也列为录取的重要依据，二是在考题类型上和面试时侧重考查独立思考的能力。但是，高考改革困难重重，进展缓慢。我的女儿是否走这条路，到时候由她自己决定吧。不管她以后怎样决定，现在我都鼓励她把精力更多地用在提高素质上，对考试持平常心。考试本身已是压力，家长不应该再加压，至少要在心理上给孩子减压。每次考试前，我都会对她说：考咋样就咋样，考砸了也没关系。我觉得我们之间没有代沟，很平等，彼此能畅所欲言。家庭教育是一种潜移默化的熏陶，这一点是学校教育难以做到的。当然，关键是家长的素质，做父母意味着上帝向你提出了更高的要求，你必须提高自己的素质。好的家庭教育对于学校教育的作用有二，一是给素质教育加分，二是给应试教育减负。

问：高校招生中出现了不少学校间恶意抢生源的现象，特别是名校抢高考状元的竞争异常激烈，有人说这是学校的"面子工程"，也有人认为这给了中小学教育"以考为本"的不良示范，您怎么看这一现象？生源对于一个学校是至关重要的吗？

答：在我看来，名校抢高考状元是对自己的羞辱，因为这说明它们已经意识到了自己尽失昔日光彩，只能靠这种低级炒作来给自己贴金了。好生源当然重要，可以使大学教育有一个扎实的基础和较高的起点，但是，现在的所谓好生源是用应试成绩来衡量的，未必真好，很可能淘汰掉了一些真正有培养前途而未必擅长或愿意花力气应试的人才。衡量大学教育的水平，标准不是招进了什么样的人，而是培养出了什么样的人。我很担心，在大学尤其名牌大学急功近利的现状下，好生源也会被教坏了。

问：教育部表示就业率连续两年低于60%的专业应减招直至停招，怎么看高校成为职业培训所的趋势？在就业率与专业命运挂钩的形势下，冷门专业的学生应如何应对？

答：这当然是极其近视的政策。最基础的学科都是非实用的，但在人类知识的发展中起着决定作用，如果把学科的命运交给市场支配，这类专业都只能关闭。冷门专业的学生应如何应对？我觉得没什么好办法，就看你对这个专业有没有真兴趣了，有就坚守，没有就改行吧。

问：目前考研、做科研都越来越功利，甚至"保研路"成为一个尴尬而"深陷"黑幕的名词，这样的社会氛围之中，我们如何保护"学术"的"贞操"？

答：学者、教授的堕落是最触目惊心的，也是最卑鄙的，应该用法律狠狠地整治黑幕后的那些家伙。作为学生，应该自重，如果别无选择，就宁可不读研。你想一想，跟一个卑鄙的人又能学到什么。人生有两种选择，一是做人的选择，二是做事的选择，两者发生冲突时，做事服从做人。当做事是做学问时，就更应该如此，因为做学问最要紧的是做人。人的最大自由就体现在做人上，哪怕普天下男盗女娼，你仍可以做良男贞女。

问：而今学术论文的数量成为大学老师评职称的硬性指标，一位讲师坦言："如果一个老师的论文不能达到数量，犹如一个人什么都好就是没有钱一样，无法生存。"您怎么看待这种现象？学术的评价标准能够"量化"吗？

答：学术评价标准不能量化是一个常识，量化是教育和学术机构行政化的必然结果，因为行政当局无能评价学术，量化是唯一的也是最方便的办法。所以，关键在于去行政化，回归教育和学术机构的学术性质。

问：如今许多高校都一致追求"高、大、全"的一流名校定位，在建筑规模上扩大校区，在院系上极力扩展，甚至高校间互相兼并，您认为这样有利于高校发展吗？

答：一个大学有真正懂教育的一流校长，能够感召和团结一定数量有真才实学的一流教师，从而培养出相当数量青出于蓝的一流学生，这才配称为一流名校。如今竞相通过圈地、盖楼和扩展院系来创一流名校，这只能说是中国教育的丑闻和笑柄，这足以说明现在许多校长不但不是一流，而且根本不入流。

最后，我要向你们这些提问的小记者表示敬意。你们都是低年级本科生，但所提的问题很有水平，问题本身已表明了你们对现行教育体制的清醒认识。我祝愿你们在上学期间坚持独立思考，不被环境同化，做自己命运的主人，而你们的坚持本身就会成为改善整体环境的一种力量。

2012年7月

教育片言

一、教育的目标

做人和教人在根本上是一致的，人生中最值得追求的东西，也就是教育上最应该让学生得到的东西。我的这个信念，构成了我思考教育问题的基本立足点。

人生的价值，可用两个词来代表，一是幸福，二是优秀。优秀，就是人之为人的精神禀赋发育良好，成为人性意义上真正的人。幸福，最重要的成分也是精神上的享受，因而是以优秀为前提的。由此可见，两者皆取决于人性的健康生长和全面发展，而教育的使命即在于此。

我们衡量教育，不应该用狭隘的功利尺度，而应该用广阔的人性尺度和人生尺度。

人性尺度是指：教育应使每个人的天性和与生俱来的能力得到健康生长，而不是强迫少年儿童和青年接受外来的东西。

人生尺度是指：教育应使受教育者现在的生活就是幸福而有意义的，并以此为幸福而有意义的一生创造良好的基础。看教育是否成功，就看它是拓展了还是缩减了受教育者的人生可能性。与幸福而有意义的人生这个目标相比，获得一个好职业之类的目标显得何其可怜。

教育和培训是性质不同的两件事：培训是以职业为目标的知识传授和技能训练；教育是真正的人的形成，精神属性的生长，成为人性意义上优秀的人。培训有必要，但如果培训成为教育的全部，真正的教育就不存在了。

现行教育的尺度比较狭隘，无非是应试、升学、就业，其恶果是把孩子们培养成片面的人、功利的人，既不优秀，也不幸福，丧失了人生最重要的价值。

你的目标是要让孩子将来进北大、清华？多么渺小的目标啊！
在我看来，今天的哈佛也是太功利了。想一想古希腊吧。

把你在课堂上和书本上学到的知识都忘记了，你还剩下什么？——这个问题是对智力素质的一个检验。
把你在社会上得到的地位、权力、财产、名声都拿走了，你还剩下什么？——这个问题是对心灵素质的一个检验。

二、教育即生长

教育即生长，教育的本义是要使每个人的天性和与生俱来的能力得到健康生长，而不是把外面的东西灌输进一个容器。

据此，智育是要发展好奇心和理性思考的能力，而不是灌输知识；德育是要鼓励崇高的精神追求，而不是灌输规范；美育是要培育丰富的灵魂，而不是灌输技艺。

如果说教育即生长，那么，教育的使命就应该是为生长提供最好的环境。什么是最好的环境？第一是自由时间，第二是好的老师。

一个人的天赋素质是原初的、基本的东西，后天的环境和教育都是以之为基础发生作用的。对于一个天赋素质好的人来说，即使环境和教育是贫乏的，他仍能从中汲取适合于他的养料，从而结出丰硕的果实。

教育要能够唤醒个人经验，开放创造机遇，就必须慢。世上一切好东西，包括好的器物、好的诗、好的教育，都是在从容的心境下产生的。今日教育的快，实质是急功近利，让学生做的大量事情与教育无关，甚至是教育的反面。

三、自我教育

每个人与生俱来就有潜在的心智能力，教育是这个能力的生长。

如果一个教育体制是好的，好就好在为生长提供了自由而又富有激励因素的环境。人是要一辈子学习的，学校教育只是为一辈子的学习打基础，这个基础就是自我教育的能力。有没有这个能力大不一样，那些走出校门后大有作为的人，未必是上学时各门功课皆优的好学生，但一定是能够按照自己的兴趣安排自己学习的自我教育者。检验一个人的学校教育是否合格，最可靠的尺度是看他走出校门后能否坚持自主学习。

一切教育都可以归结为自我教育。学历和课堂知识均是暂时的，自我教育的能力却是一笔终身财富。一个人最终是否成材，往往不取决于学历的高低和课堂知识的多少，而取决于是否善于自我教育。

成长的真谛是自我教育。一切学习本质上都是自学，一切教育本质上都是自我教育。且不说今天的教育体制有诸多弊端，不论体制之优劣，你们都不可只是被动地接受教育。教育是心智成长的过程，你们要自己做这个过程的主人。放弃做这个主人，任凭成长受外界的因素支配，是对成长的真理的背离。

天赋平常的人能否成才，在很大程度上取决于所处的具体教育环境，学校能够培养出也能够毁掉一个中等之才。天才却是不受某个具体教育环境限制的，因为他本质上是自己教育自己。当然，天才也可能被扼杀，但扼杀他的只能是时代或大的社会环境。

在任何一种教育体制下，都存在着学生资质差异的问题。合理的教育体制应该向不同资质的学生都提供相应的机会。

所谓"天才教育"的结果多半不是把一个普通资质的人培养成天才，而是把他扭曲成了一个高不成、低不就的畸形儿。

教育不可能制造天才，却可能扼杀天才。因此，天才对教育唯一可说的话是第欧根尼的那句名言："不要挡住我的阳光。"

四、兴趣和能力

我心目中的好学生具备两种能力：一是快乐学习的能力，能从学习本身获得莫大快乐；二是自主学习的能力，善于自己安排自己的学习。这也是我对学校教育的要求，第一应该使学生爱上学习，做知识的恋人；第二使学生学会学习，做知识的主人。相反，如果使学生成了知识的仇人兼仆人，则是教育的最大失败。

真实的、不可遏制的兴趣是天赋的可靠标志。

在经历了中学的纪律阶段以后，学生在大学进入了自由阶段。但是，这个自由应该是一个饱满的心智在某个知识领域里的尽兴漫游，其前提是对人类知识的一般兴趣和对所学专业的特殊兴趣。一个学生倘若没有这两种兴趣，便与这样的自由无缘。

我对今天的学生说：你所学到的一切，将来都会用上的——除了为应试死记硬背的知识。我的意思是说，你在学习上第一要自己做主，第二要放松心态，真正学到一点儿东西，而不去问它们是否有用。凡真正学到了的东西，一定会有用的。为应试死记硬背的知识，当然不是你真正学到了的东西。

人的能力有两个层次。第一个层次是智力的一般品质，即是否养成了智力活动的兴趣和习惯，是否爱动脑子和善动脑子。第二个层次是个体的特殊禀赋，由基因或者说先天的生理、心理特性所决定，因之而具备在某个特定领域发展的潜在优势。前者好，后者才会显示出来，这是铁的规律，一个智力迟钝的人是不太可能发现自己有什么特殊禀赋的。首先让自己的一般智力品质发育得好，在此基础上找到最适合自己特殊禀赋的领域，使自己最好的能力得到最好的运用和发展，我称之为事业。

一个人仅仅有了大学本科或研究生学历，或者有了某个领域的知识，他还不能算是知识分子。依我之见，一个人唯有真正品尝到了智力生活的快乐，从此热爱智力生活，养成智力活动的习惯，一辈子也改不掉了，让他不学习、不思考他就难受，这样的人才叫知识分子。

第三辑

互联网时代的教育

一切学习本质上都是自学，

这个特征在互联网时代会表现得更加鲜明。

坚持教育即生长的理念

很多大哲学家都关注教育问题，写有论教育的专著，比如洛克、卢梭、康德、尼采、杜威、怀特海。这些大哲学家的哲学观点各有不同，可是，在教育即生长这个理念上高度一致，只是用不同的语言表述而已。

教育即生长这个理念立足于对人性的理解，包含两层意思。第一，作为人类的一个个体，每个人来到这个世界上的时候，已经具有潜在的人类共同的精神能力了，那么教育就是要让这些精神能力得到很好的生长。第二，每个人不但具有人所共有的精神能力，而且每一个人都是不一样的，都具有自己特殊的禀赋，所以教育即生长又是要让每个人特殊的禀赋得到很好的生长，个性得到健康的发展。

这个理念指明了教育的目标，就是精神禀赋的良好生长，从而成为人性意义上优秀的人。它反对的是给教育规定一个功利目标，强调生长本身就是价值，成为优秀的人本身就是价值。事实上，即使从功利的角度看，只要生长得好，结果也不会差，优秀的人肯定更有希望获得真正意义上的成功。

这个理念也指明了教育的重点，就是能力的培养。具体地说，智育的重点是认知能力、独立思考能力的培养，让孩子拥有自由的头脑，而不是知识的灌输。美育的重点是感受能力、情感体验能力的培养，让孩子拥有丰富的心灵，而不是技艺的训练。德育的重点是实践能力、道德自律能力的培养，让孩子拥有高贵的灵魂，而不是规范的强制。

教育立足于人性，以精神禀赋的良好生长为目标，以能力的培养为重点，这个道理是不会变的。今天这个时代发生的最重要事情是互联网的出现，互联网极大地改变了人们的生活方式，这个改变相当全面，包括改变了交往方式、消费方式、学习方式等，实际上也就改变了教育的大环境。那么，在互联网时代，教育即生长这个理念是不是过时了？我认为不但没有过时，而且更显得重要。理由之一，互联网时代知识更新迅速，创新成为最重要的能力之一，而有无创新能力取决于综合素质。理由之二，互联网时代信息泛滥，一个人必须具备扎实的功底和良好的鉴别能力，才能用信息共享之利而避其害，而这也取决于综合素质。因此，在互联网时代更应该坚持教育即生长的理念。

2015年11月

创新与智力教育

在互联网时代，知识更新极为迅速，创新成为最重要的生产力之一。十九届五中全会把创新列为五大发展理念之首，实际上是顺应了这个趋势。

那么，创新能力到底是一种什么能力呢？世界上并不存在一种孤立的创新能力，你不可能开一门叫创新的课程来培养这个能力。所谓创新能力无非是一个人整体智力素质的体现，其中包括很多因素，比如好奇心、想象力，独立思考亦即追根究底的能力，综合思考亦即融会贯通的能力，跨界思考亦即触类旁通的能力，等等。

然而，我们发现，恰恰是这些非常重要的智力因素，在应试体制里是不被重视的，甚至是受到压制的。因此，创新的需要已经形成倒逼之势，改变应试体制是燃眉之急。现在有一个现象，学历越高越不受用人单位欢迎，人们对此有各种解释，但我相信，原因之一是一个学生在应试体制内被打磨得越久，真正的智力品质就被磨损越甚，因而越不能适应工作的需要。

从智力生长的角度看，互联网时代的环境有利也有弊。互联网的最大好处是信息资源共享，只要你善于自学，有自己明确的兴趣方向，就可以很便捷地从网上获取相关学科的基本信息和最新动态。"互联网＋教育"的兴起，各种公开课的开设，使你可以自主地选择适合于你的教师和课程。大量网络社群、公众号、App平台虽然良莠不齐，但至少其中一部分是有教育含量的，而且呈增多的趋势，也提供了多样化的选择，事实上已经或正在形成诸多自学者网络群体。不妨说，互联网是自学者的天堂。

可惜事情还有另一面。对于缺乏自制力和学习能力的人来说，互联网不啻是地狱。这是一个充满诱惑力的地狱，沉溺于其中的人会误以为是天堂。我们看到，互联网给少数心智活泼的青年提供了创业和成功的机会，但与此同时，网瘾又使相当数量的青少年成为虚拟世界的奴隶，丧失了在真实世界生活的能力。这对他们今后的人生将产生严重后果，不必说拥有自己的事业，连谋生都困难。

由此可以得出一个看法：在互联网时代，有自学能力的人会胜出，没有自学能力的人会落败甚至被淘汰，这基本上是一个规律。在一定意义上可以说，创新能力就是自学能力。其实，一切教育本质上都是自我教育，一切学习本质上都是自学。从来只会考试的人，走出学校后不一定有真本事，往往还比较平庸。相反，那些有大成就的人，在学校里未必是学霸，但一定是善于自学的人。不过，这个规律在互联网时代会表现得更加鲜明。

那么，可以不要学校教育了吗？当然不是，恰恰是要求学校教育改变应试的总体格局，回归智育的本义。智育的目标是智力的良好生长，智力怎样算生长得好？我认为有一个可靠的征兆，就是善于自学。一个学生具备了快乐学习和自主学习的能力，他的智力品质一定是好的。如果我们的学校把立足点从让学生被动应付功课和考试转移到增强自学能力上来，培养出尽可能多的合格的自学者，我们的教育就成功了。这意味着在课程设置、教材编写、教学方式、评价标准、师生关系等方面必须有一系列的改变。比如在课程设置上，一方面要差别化，让学生有较大的选课自由；另一方面要少而精，给学生留出自学的时间。在评价体系上，不再以考分论英雄，而是让智力真正优异、善于自学的学生在学校里就成为英雄。孩子都是看重荣誉的，价值导向往往会起决定性的作用。按照这个方向来规划教育，优秀生在互联网时代诚然如鱼得水，资质一般的学生成为网络牺牲品的一定也会少得多。

2015年11月

中国的教育缺什么?

今年7月,英国教育部宣布,英格兰半数小学将在数学课堂上采用中国上海模式,为此拨款四千一百万英镑,用于提供教科书和培训教师。事情缘于由经济合作与发展组织开发的 PISA(国际学生评估项目),2012年有六十五个国家及城市的五十万名十五岁学生参加,上海获得数学、科学、阅读三个单项第一和总分第一,英国排名第二十六,美国排名第三十六。据估测,英国学生数学水平落后于上海学生三年。这个结果使英国教育部大受刺激,决心从娃娃抓起,其后选派小学数学教师到上海取经,又引进上海数学教师到英国示范教学,直至今年决定大面积推广上海模式。

这个新闻在英国和中国都引起了热议。中国基础教育的强势有目共睹,孤立起来看也肯定是一个优点,但是,如果全面衡量教育质量,这个优点是否又隐含了中国教育的严重缺点呢?我认为是这样的。

首先我要提醒人们思考一个问题:为了取得这个优点,我们的孩子付出了什么代价?众所周知,中国的孩子是最辛苦的,从小学开始就忙于功课，早上八点到校，上一天正课，再上课后补习班，一般下午五点离校，回家还要做一两个小时作业。周末的时间，一多半家长会逼迫孩子上各种课外补习班。没有时间玩，睡眠严重不足，近视率高，是中国小学生的常态。不用说，中学阶段负担更重，逐年递增，高考结束才得以喘一口气。从六岁到十八岁，中国的孩子为中国基础教育的骄人成绩奉献了全部童年和少年时期。相比之下，欧美小学生上学像玩似的，课时短，上课轻松，没有家庭作业。中国小学生每天弓着背背着沉重的书包上下学，书包里装着一天要对付的一大堆课本、教辅、练习本、生字本、作业本等，这是中国每所小学门口的典型景象。一位在上海取经的英国小学校长看见了感到惊诧，指着书包问：这是什么？我想应该这样回答他：这是中国基础教育的缩影。我们有理由问：为了基础教育取得好成绩，牺牲掉孩子们的身心健康是否值得？用人性的尺度衡量，拥有幸福的童年，身心健康地生长，难道不是更重要的价值吗？现在英国引进上海模式，实际上也面临着这个问题，BBC拍摄纪录片，片名就是一个质疑：我们的孩子足够坚强吗？片中一位英国中学校长指出，上海模式依靠的是中式父母的价值观，而在他看来，这种价值观是成问题的。

接下来我想重点探讨一下，中国孩子为之付出了沉重代价的中国基础教育本身有什么问题。已经有论者指出一个现象：中国在基础教育领域一贯强势，但为何到了学术研究领域就成了弱势？以数学为例，今年QS世界大学数学学科排名，英国剑桥第一，牛津第四，中国最靠前的是北京大学，排名第三十。重要的数学大奖例如菲尔兹奖，基本上被欧美数学家包下，华人获奖者仅丘成桐、陶哲轩二人，都是在西方受的教育。诺贝尔奖的情况也一样，我们中学阶段物理化学的基础教育也很用力，但至今没有中国自己培养的人才问鼎诺贝尔物理学和化学奖。好的基础教育应该能够培养出推动学科发展的优异人才，我们有理由问：我们的基础教育真的非常好吗？基础教育和优异人才培养之间断裂的原因何在？我们对基础教育的理解是不是太狭窄了，局限于知识的记忆和掌握，而它本来应该包含比这重要得多的一些内涵？

第一，人的个性和天赋是有差异的，好的教育应该尊重差异，为不同个性的发展和不同天赋的生长提供良好的环境。对于每一个个体来说，教育的最大功德是能够使他发现和成为最好的自己。在这样的教育环境里，具有特殊天赋的优异人才最能够脱颖而出。中国的基础教育显然不尊重差异，从教材、教学到测试都是标准化的，像一条流水作业线在制造统一的产品。从小学开始，人的价值就被考试的分数估定了，全优生无比荣耀，差生高度自卑。分数面前人人平等，可是用分数评判人的价值本身就已经是不平等。人的天赋不同，未必都是读书种子，有的孩子有艺术天赋，或者动手能力，或者合作和交往能力，为什么不该享有荣耀？就学科来说，数学好的语文未必好，反过来也一样，门门课优秀有何必要？大量事实证明，小学成绩好坏与今后有无作为并无关联，但是，在现有体制里，一个后来大有作为的人很可能在小学和初中阶段备受压抑。所以，至少在小学阶段，应该淡化学习成绩的作用，让每一个孩子都拥有快乐和自信。

第二，到了中学阶段，一个人的天赋会开始比较明确地显现，其征兆是兴趣。以兴趣为动力和向导，进行自主学习，这是一个研究者必备的能力，而这个能力是在中学阶段打下基础的。中学教育应该为基于兴趣的自主学习创造条件，一是在课程设置上提供多样化选择的空间，二是保证学生有可支配的自由时间。欧美中学的课程分为必修课和选修课，必修课又分不同层级，选修课有丰富的选项，学生可以根据兴趣和能力制定自己的课程"菜单"。数理化课程分层级十分必要，我们的中学生花在数理化学习上的时间实在是太多了，其中至少有一半人，将来的专业和工作完全用不上这些知识，因此基本上会忘光，白白花费了这么多时间。另外，那些爱好数理化的学生又被统一的课程拖了后腿。除了北京市第十一学校之外，现在中国的大多数中学还都是课程划一，课业繁重，学生既没有选课的自由，也没有自学的时间，基本上是在为应试打工。这种情况导致了某种先天不足，因此即使到了大学阶段乃至研究生阶段，具备研究性自主学习能力的人也是少之又少，中国在学术研究领域落后就毫不足怪了。

第三，中国的基础教育在教学内容上偏于知识性，强调熟练掌握课本知识，即使语文也被当作知识来传授，对课文的理解竟然也有标准答案；在教学方法上偏于灌输式，基本上是老师讲学生听，师生之间、同学之间缺乏互动讨论，老师不鼓励甚至忌讳学生发表独立见解。这种教学模式在知识性测试中自然会显示优势，但必然损害两种最重要的智力品质，即好奇心和独立思考能力。对于科学创新来说，这两种品质的重要性是不言而喻的。我还想强调独立思考能力对于培养人文素质和公民觉悟的重要性。在这方面，法国人提供了一个范例。法国高中把哲学作为必修课已有两百年历史，按照法国教育部大纲的表述，其目的是培养学生的批判性思维。哲学又是中学毕业会考的第一门科目，只有通过了哲学会考才有资格上大学，考试的方式是围绕考题写作文，我随便举几个考题，我们对他们的哲学课就会有一个概念了。比如：所有信仰都违背理性吗？所有真相都是可证明的吗？世上是否存在任何科学都无法解释的问题？或者：真理高于和平吗？如果是你，你会往广岛长崎扔原子弹吗？很显然，所有这些问题都不可能有标准答案，而哲学的意义正在于启迪独立思考。别的欧美学校很少有法国这样正宗的哲学课，但是一致是教育理念鼓励独立思考。比如说，你一定想象不到，英国小学六年级的家庭作业作文题目会是"你认为谁对第二次世界大战负有责任"。

　　总的来说，中国基础教育的缺点是：一、功课负担太重，不利于学生的身心健康；二、标准化的教学和测试体系，忽视个性、天赋的差异和兴趣的激励，不利于每个人成为最好的自己，也不利于优异人才的涌现；三、偏于知识灌输，不利于自主学习和独立思考能力的培养。缺点和优点是共生的，要改变这些缺点，几乎必然会损害中国基础教育的优点，即基础知识的大量和熟练掌握，中国在 PISA 测试中很可能就风光不再了。但是，我认为这是值得的。我期盼有一天，中国自己培养的人才频频获得诺贝尔奖和菲尔兹奖，而在 PISA 测试中的排名则不妨落到比如说第二十六，和英国换个位置，让英国去当第一名吧。英国教育部好像在为此努力，不过我估计他们只是一时想不开，很快就会明白过来的。

2016年10月

教育新生态中的变和不变

——在"中国教育三十人论坛"年会上的演讲

年会主题是营造教育新生态。我本人认为，衡量教育生态，主要看好坏，而不是新旧。如果生态原本是坏的，即使加进新的因素，仍然是坏的。按照我的理解，提出新生态这个概念，主要是指新科技对教育产生的影响，导致教育形态和方式发生了很大变化。因此，我想探讨一个在我看来很重要的问题，就是在这些改变中，有没有不可改变的东西，是教育之为教育的本质的东西，如果丢掉了就不复是教育了？新科技是不是更加凸显了这种东西的重要性和不可取代性，要求我们坚持和加强，从而在根本上改善教育生态？

在这类新科技中，最热门的是互联网和人工智能。针对这两个热门科技，我谈两点看法。

一、互联网与自我教育

互联网给教育带来的改变是有目共睹的，总体上也是积极的。我想强调的是，在互联网时代，自主学习的能力变得异常重要，这对我们现行的教育体制提出了尖锐的质疑。

对于教育，我有一个基本观点，即一切教育本质上是自我教育，一切学习本质上是自学。教育的这个特性，在天才身上表现得尤为突出。在人类文化的任何领域，一切做出了创造性贡献的人物，无不是自我教育成的，而并非学校和老师教出来的。不管在现实中有无师承，他们本质上都是自己向本领域内的大师和能者学习，并且在学生时代往往与体制化的学校教育发生冲突，是冲破了体制的阻力得以成长的。

教育的这个特性，同样体现在一般学生身上，只是不像天才成长故事那样有戏剧性罢了。现在学校用分数评估学生的优劣，但是，走出校门之后，重新洗牌不可避免，生活实践不会在乎你在学校里分数的高低，只会检验你素质是否真正好。基本可以断定，那种具备自我教育能力的学生会胜出。所谓自我教育的能力，我是指养成了智力活动的习惯，能够在兴趣引导下自主学习。相反，一个全优生，如果只知道对付功课，只会考试，走出校门后，他的平庸就会暴露无遗。

有自我教育能力的人会有作为，没有这个能力的人往往平庸，这从来是规律，而在互联网时代会表现得更鲜明。互联网的最大好处，是信息资源发达和共享，可以便捷地获取所需要的信息。但是，要享受这个好处，前提是你有自己感兴趣的领域和方向，知道自己要什么，并且具备相当的鉴别能力，能够找到有价值的信息。否则的话，网络信息如潮水般涌来，你只是被动地接收信息，这些信息与你的生活和心灵毫无关系，不是促成反而是败坏了你的心智生长，你只是成了海量信息的一个通道。事实上，现在许多人就处于这种状态。所以，互联网的作用是双面的。一方面，对于有自我教育能力的人，它为学习提供了广阔的平台；另一方面，如果本来不具备这个能力，在信息流的强制作用下，这个能力就更无从培养了。

今年新冠肺炎疫情全球大流行，凸显了互联网的优点和不足。优点很明显，因为有网络，学校没有彻底停摆。有人由此得出一个乐观的看法，认为网课能够取代或大部分取代实体教学。我的看法是不能，因为事实上疫情还暴露了网课的不足。第一，网课缺乏实体教学的现场感和亲密性，在课堂上，教师与学生有现场互动和情绪交流，教师看着学生的眼睛讲课，与面对屏幕讲课，讲者和听者的感受都是完全不一样的。第二，孩子自制力弱，听网课远不如在课堂上专心，效果较差，因此许多学校在复课后只好把网课的内容重新教一遍。所以，至少在基础教育阶段，课堂仍然必须是教学的主要场所。

我认为，真正应该考虑的不是用网课取代实体教学，而是如何改革实体教学，使它成为教育新生态中良性的基础环节。现在的学校教育，从教育理念到课程设置、测试方式、评价体系，都是唯应试导向，完全是阻碍自我教育能力的培养的。从小学到中学，课程划一，课业繁重，分数至上，学生始终在为应试打工。对于大多数学生来说，学习是一件痛苦的事，区别只在承受力的大小和对付得好坏。好不容易熬到进了大学，终于大功告成，大量学生在学习上不再有进取心。自主学习的前提是对学习有兴趣，我们从开端就败坏了这个前提。这样教育出来的人，在互联网时代很多会成为失败者。

二、人工智能与人的全面发展

人工智能是最时髦的新科技，虽然尚未实际运用于教育，但是，这方面的遐想已经很多。那么，我不妨也来遐想一番。我相信人工智能将来在教育上有所可为，但是必定有其限度，这个限度是，它不可能取代教育和学习的过程。这里的关键在于，什么是教育，教育的目标是什么。在我看来，不管教育发生怎样的变化，它的本质始终是人的精神能力的生长，因此目标始终应该是人的全面发展。那么，我们要问的是，人能够依靠人工智能让自己全面发展吗？而这又取决于，人工智能能够真正具备人的各种精神能力吗？

现在人们谈论得比较多的是，人工智能能否达到甚至超过人类智能，我想把问题拓宽一些，因为人的精神能力不限于智能，还有情感和道德，我们来讨论一下这三者的情况。按照我粗浅的理解，人工智能的基础是算法，就是把信息数字化，通过处理大数据找出其中的逻辑。因此，凡是不可数字化的因素，都在人工智能的权限之外。

先看智能。人工智能的强项是智能，这从命名就可以知道。人类智能的核心因素是什么？是知识、逻辑、记忆力，还是直觉、灵悟、想象力？爱因斯坦认为是后者，想象力比知识重要，是创造的源泉。那么，如果后者无法数字化，人工智能就始终欠缺人类智能的核心因素。比如说，人工智能可以把迄今为止相对论领域的全部知识数字化，但是首先得由爱因斯坦发明出相对论，人工智能发明不了。

再看情感。我倾向于认为，人工智能不可能拥有真正意义上的情感。人类的情感有各种外在表现，主要是表情、语气和话语，人工智能可以通过视觉影像、语音、文本加以识别和模拟，形成一种情感的外观，从而让人类根据自己的体验赋予它们情感的含义。但是，这与人工智能自身拥有情感是两回事。只有活的生命体才能真正感受快乐和痛苦、期待和恐惧、爱和恨这类情感，而人工智能永远不可能成为活的生命体。

道德的情况与此类似。人类道德的基础，一是作为生命体对其他生命体的同情心，二是作为精神性存在的尊严感。人工智能最不可能拥有的，就是生命和灵魂，因此不可能形成道德良知。

人的精神能力，包括智能、情感、道德，从根本上说，都是建立在人的主体性基础之上的。我说的主体性，是指每个人都具有对自身同一性和延续性的意识，是一个拥有自我意识的"我"。是我在思考，我在爱，我在向善。人工智能之所以不可能真正具备人的精神能力，根本的原因是它归根到底是机器，不是主体，不可能拥有真正意义上的自我意识。

所以，我的结论是，人工智能不可能取代教育和学习的过程。不管人工智能多么发达，人的全面发展还得靠每个人自己。这真是好事。笛卡尔说：我思故我在。我们还可以补充说：我爱故我在，我向善故我在。运用和享受自己的精神能力，思考、爱、向善，人生的意义和幸福即在于此，如果都被机器人取代，活着还有什么意思？

今年科技方面最轰动的新闻，是马斯克的公司展示了植入脑机芯片的小猪。这家公司的愿景是，通过植入芯片把人脑与计算机连接起来，实现双向信息交换。有人为之欢欣鼓舞，认为这个愿景实现之后，学习就是一件极其简单的事了。比如说，你不用再阅读，只要把文本信息直接传递到你的大脑芯片上就可以了。且不说这个所谓愿景能否实现，即使能够，我相信大多数人也会拒绝采用的。把大脑变成大量文本的储存器，放弃阅读本身的种种快乐，这是懒人的理想，而结果则是成为蠢人。

2020年12月

为生长创造友好的环境

——在搜狐教育2020年度盛典上的演讲

教育即生长，是哲学家卢梭和杜威强调的教育理念。在2015年搜狐教育年度论坛上，我讲了对这个理念的理解，这里就不再重复。生长需要友好的环境，包括学校、家庭、社会三个方面。现在这三个方面的环境都很不友好，在学校里是应试导向的激烈竞争，在家庭中是家长的严重焦虑，在社会上是扭曲的价值观，像三座大山压在孩子们的心灵上。所以，今天我讲《为生长创造友好的环境》这个题目。

一、抑制应试导向的激烈竞争

学校本应是和平的乐园，现在却仿佛硝烟弥漫的战场。从小学甚至幼儿园开始，战争就拉开了序幕。有两条战线。一条战线是家长们为争夺优质教育资源而战，年轻的父母生了一个娃娃，就开始为学区房、好幼儿园、重点学校焦虑和拼搏了。另一条战线是孩子们为分数和升学而战，从小学、初中到高中，愈演愈烈，没有休战的时候。我本来想说，我们必须叫停这种恶性竞争，但我知道做不到，叫了这么多年也没有停，不得已退而求其次，我希望至少能够加以抑制。

恶性竞争的根源，归根到底是应试教育。童年和少年是身心生长的关键时期，教育的使命是让孩子们的身体和心灵得到健康地生长。可是，我们的教育把沉重的功课负担压在孩子身上，孩子们普遍睡眠不足，眼睛近视，健康不佳。我们的教育也从来不把学生看作一个拥有完整的心灵及理性、情感和意志的丰富精神世界的人。心灵被缩减为理性，把情感和意志删除了。理性的核心是独立思考的能力，也被删除了，理性被缩减为知识，知识又进一步被缩减为应试和分数。这样一步步缩减，造成了一种极端片面化的教育，所有学生都被驱赶到应试的独木桥上，竞争怎么会不激烈呢。

我们口头上都会说德、智、体、美全面发展，我们的学校里也的确开了德育、美育、体育的课程。但是，全面发展不是上几堂课就能够得到的。心灵是一个整体，道德和审美都是心灵感受生活意义的方式，唯有真正感受到生活的意义，心灵中才会萌生真实的审美情感和道德情感，才会发现世界和人生的美，向往成为善良、高尚的人。恶性竞争的严重后果正是在这里，在漫长的童年和少年期，孩子们感受不到生活的意义，基本上都是盼望快快长大，早日结束痛苦。教育是生活，而我们的教育却使孩子们觉得，他们在整个学生时代没有生活，生活在未来。真的到了未来，走上了社会，由于心灵的贫乏，许多人成了所谓"空心人"，必定仍然是感到生活没有意义。

应试导向的竞争不但阻碍了心灵的全面发展，而且阻碍了个性的发展。每个人都是独特的个体，有自己特殊的禀赋和性情，教育应该尊重差异，让每个人的禀赋得到生长，性情得到满足，成为最好的自己。可是，在应试体制下，从小学开始，人的价值就被分数估定，全优生荣耀，因此而自负；差生遭受歧视，因此而自卑。其实心理都不健康。分数面前人人平等，但分数至上本身就是一种不平等的竞争。事实上，许多后来大有作为的人，当年在学校里都被看作差生，备受压抑。有的孩子有艺术或体育天赋，学习成绩差，为什么不该享有荣耀？有的孩子是数学尖子，语文差，全优有什么必要？我们应该淡化分数的作用，让每个学生因为自己的长处受到尊重，得到友好的对待，拥有快乐和自信。孩子本来是最不势利的，如果不是片面的评价体系起支配作用，他们是自然而然会被彼此的长处吸引，友好相处的。

二、严重的问题是教育家长

对于孩子心灵的生长，家庭也常常是一个不友好的环境。中国的父母普遍有严重的焦虑情绪，在我看来，父母的焦虑是压在中国孩子心灵上的最沉重的负担。焦虑因孩子的学习而起，必然导致亲子冲突，经常还导致夫妻冲突。战火从学校延烧到了家庭，家里也是硝烟弥漫。孩子知道自己是父母焦虑的原因，经常还是父母冲突的原因，会产生负罪感，也会产生逆反心理。

家长之所以普遍焦虑，主要根源仍是应试教育。在很大程度上，家庭教育已被应试教育绑架。孩子上了一天学，回到家里，要做大量的作业，家长负有监督、检查乃至辅导的责任，事实上在应试教育中被强派了一个角色。分数、考试、升学是硬指标，也使得家长在不同程度上对应试教育予以配合。大多数的家庭，父母和孩子相处的时间，不是在对付作业，就是在赶各种课外班，家庭教育的空间几乎完全被应试占领，因此也就不存在真正的家庭教育了。

但是，应试教育虽然有很大的强制性，家长仍是有一定的选择自由的。你可以站在应试教育一边来对付你的孩子，你也可以站在你的孩子一边来对付应试教育，立足点不同，做法就会不同。现在的情况是，多数家长身不由己地成了应试教育的仆役，少数甚至自觉地充当它的打手，用残暴的手段对待自己的孩子。孩子在学校里功课不好，如果家长对此有一个正确的态度，不那么焦虑，给他一个宽松的家庭环境，他就还有喘气的机会。可是，如果家庭和学校沆瀣一气，孩子就真的没有活路了。

父母都是爱孩子的，之所以焦虑，之所以大力配合应试教育，主观愿望是要让孩子有一个美好的未来。但是，在应试教育的框架里规划孩子的未来，这个思路本身就错了，你应该跳出来，看一看广阔的人生图景，想一想根本的人生道理。你不要以为，把孩子的整个未来都规划好，一路上好学校，然后谋一个好职业，这样才算是尽了父母的责任。我想提醒你的是，孩子的未来岂是父母决定得了的？他的未来，一半掌握在上帝手里，就是他的外在遭遇；另一半掌握在他自己手里，就是他应对外在遭遇的心态和能力。对于前一半，父母完全无能为力，只能祈祷；对于后一半，父母是可以起很大作用的，就是给他以正确的教育，使他有健全的人格和良好的素质，从而具备自己争取幸福和承受苦难的能力。

总之，我对家长有两点建议。第一，给孩子的学习松绑，不要把应试的成绩看得太重。第二，给父母的责任松绑，不要企图规划孩子的未来。有了这两个松绑，孩子轻松，你也轻松，家庭氛围就会愉快和谐，在这样的氛围中，才可能有正确的家庭教育。

三、确立多元和谐的价值认知

　　无论学校里的应试竞争，还是父母们的育儿焦虑，都反映出当今社会的价值观出了问题。正常的社会生态应该是多元和谐的，每个人按照禀赋和兴趣的不同、能力的大小，各得其所，分工合作，组成一个和谐的社会。现在人们的价值认知十分狭窄，唯成功是求，而衡量成功的标准又十分单一，无非是名利地位，出人头地，或者谋一个风光的职业。人们假定，如果应试成功，就比较有把握取得这种社会上的成功。

　　一个简单的道理是，所谓成功人士必定是少数，而平凡是大多数。无论你多么拼命，你的孩子将来能不能出人头地，是完全不可把握的，可是你却预先让自己和孩子为之纠结了。至于所谓风光的职业，如果你的孩子兴趣和能力的类型和它不匹配，你硬把他塞进去，等待他的只能是挫败和痛苦。所以，最好的做法是持有平常心。第一，允许和接受你的孩子将来成为一个普通人；第二，鼓励和支持你的孩子选择符合他的兴趣和能力的职业。有了这种平常心，你就自由了，不会再为不靠谱的将来而败坏你和孩子现在的心情和生活了。

　　事实上，无论父母多么精心规划，孩子将来的选择并不一定会遵循你的规划，往往还让你大吃一惊。我有一个朋友，理想是把孩子送进哈佛，为此在哈佛旁边买了一所房子。孩子在波士顿读完中学，因为喜欢厨艺，坚决报考了美国的一所厨艺学校。这使他极为痛苦，几乎崩溃，觉得自己的教育全盘失败。我对他说，不算全盘失败，因为你的教育至少没有磨灭掉孩子的天性，他还有自己真实的爱好，找到了适合自己的位置。在我看来，只要孩子找到了适合自己的位置，教育就是成功的。最可怕的是无论从事什么职业都不喜欢，没有一个位置是适合他的，这才是教育的彻底失败。

2020年12月

德国的经验：教育兴国和文化崛起
——简评《德国天才》[1]

    自18世纪中叶起，德国由一个落后地区迅速崛起，在精神文化领域迸发了巨大创造力，人才辈出，向世界贡献了近现代最伟大的天才人物中的大部分。这个势头到20世纪前期仍未减，纳粹上台前，德国人获得的诺贝尔奖数量是世界之最，超过英、美两国的总和。纳粹给世界带来的巨大灾难让德国蒙受耻辱，也在很大程度上遮掩了其巨大的贡献。作为一个英国人，彼得·沃森认为应该公正地评价德意志民族的功过，因此撰写本书。在本书中，作者综合了大量相关研究成果，拨云见日，探究德意志精神文化繁荣的渊源和历程，各领域天才的成就和影响，同时对纳粹产生的根源进行了剖析。

    按照作者的论述，德国的文化崛起有赖于两大力量的交集。一是1740年继位的弗里德里希二世厉行的变革，使普鲁士迅速成为军事文

---

[1]〔英〕彼得·沃森:《德国天才》(全四册)，张弢、孟钟捷译，商务印书馆2016年版。

化强国。二是由温克尔曼、沃尔夫、莱辛等启蒙思想家开始的对人文主义的大力倡导。在朝野的共同努力下，最令人瞩目的是教育改革的成就。从19世纪上半叶开始，德国在全世界率先创建了研究性大学。其决定性的措施，一是破除了中世纪神学支配高等教育的传统，把哲学院置于大学的首位，所包括的历史学、语文学、古典学、数学等学科赢得了作为自主学科的尊敬。二是开设研讨班，创立博士学位教育，开启了现代意义上的学术研究，并且逐渐形成了具有独立品格的知识精英阶层。与此同时，建立普及义务教育体制，设立公共图书馆，提高全民文化素质。

在德国人的精神倾向中，有两个观念被赋予了重要的意义。一个是文化（Kultur），指思想、艺术和宗教之精神领域，德国人把它与文明（Zivilisation）相区别，后者只是人类生存状态的外部表现。另一个是教化（Bildung），指个人的内在发展，按照洪堡的定义，其特征是无目的性、内在性和学术性。建立文化型国家、教化型国家成为德国人的崇高目标。事实上，由哲学、文学、音乐构成的德意志精神王国的建立，要比19世纪中叶俾斯麦营造的政治帝国早一百多年。

于是我们看到，在将近两个世纪中，德语国家在各个领域里涌现了最多的天才人物，这里只需开列一个不完全的名单就可以了。哲学：康德、黑格尔、马克思、尼采、胡塞尔、海德格尔。社会学：韦伯。文学：歌德、席勒。音乐：巴赫、海顿、莫扎特、贝多芬、瓦格纳。数学：高斯。物理学：爱因斯坦、普朗克。生物学：孟德尔。心理学：弗洛伊德、荣格。

我本人认为，当此争取中华民族伟大复兴之际，本书中所述德意志文化复兴的经验尤其值得中国人认真研究。中国古代文化灿烂，向世界贡献了孔子、老子、庄子等文化伟人，唐诗宋词等文化瑰宝。古代，同时期的德国较中国十分落后，在中国的汉代，日耳曼人尚是游牧部落，直到中国的清朝前期，德国还是许多分散的小公国。然而，近代的情况恰好相反，中国很少出现具有世界性影响的文化伟人。其中的缘由令人深思，而德国对教育和文化的重视无疑是值得我们学习的。

2017年4月

第四辑

我心目中的好教师

教师自己充满追求真善美的激情，
才能在学生心中点燃同样的激情。

教师是神圣的职业

我上学的时候，人们常引用高尔基的一句话，说教师是人类灵魂的工程师。现在很少有人提起这句话了。可是，正是现在，太有必要重提教师职业的神圣性这个话题。

从小学到大学，是人的生长的最重要时期。生长得好坏，在很大程度上取决于环境，而对于学生来说，教师实际上构成了最重要的环境。许多人，包括许多伟人，在回忆自己的成长经历时，脑中往往会凸现一个老师的形象。一个优秀的教师会影响许多人的人生道路，所以才使人终生不忘。

杜威把教师比喻为上帝的代言人、天国的引路人。教师不只是传授知识，更重要的影响是在精神上，因此他自己必须有崇高的精神境界。现在人们在讨论大学改革，依我看，大学教育的核心问题是要有一批心灵高贵、头脑活跃的学者，而体制优劣的标准就在于能否吸引这样的学者。有了这样一批学者，自然能够熏陶和培育出优秀人才。什么是好学校？很简单，就是有一批好教师的学校。

今日教师队伍的素质不容乐观。罗素说，教师爱学生应该胜于爱国家和教会。针对今日的情况，我要补充一句：更应该胜于爱金钱和名利。我的担心是，今日的学生在将来回忆自己的人生岁月时，脑中不再会出现值得感念的老师形象。

2005年4月

我心目中的好教师

针对教师素养这个话题，我来说一说我心目中好教师应有的品质，特别是针对教育界的现状，我认为一个好教师应该坚持什么。

一、智情双修，德才兼备，做一个优秀的知识分子。

一个人活在世上，不论从事什么职业，第一重要的是做人。对于教师来说，做人更是第一位的，因为教育是精神事业，一个教师精神素质好不好，会直接在教学的态度、内容、方式以及与学生的关系中体现出来。和传授知识相比，教师作为一个人在精神上对学生的影响是更重要的。我们回忆自己的学生时代，最难忘的必是那种具备人格魅力的老师，他们在我们人生早期所给予的启迪和熏陶，其作用之巨大，往往使我们终身受益。

精神素质包括智力、情感、道德，三者缺一不可，教师应该是智情双修、德才兼备的人。因为教师的日常工作是智育，我要强调一下教师的智力素质。教师当然应该是知识分子，而所谓知识分子，就是一辈子热爱智力生活、对知识充满兴趣的人。用这个标准衡量，在我们今日的教师队伍里，知识分子太少了。许多人走出校门，结束了学生生涯之后，就停止学习了，殊不知你现在走进另一个校门，开始了教师生涯，就更应该过一种高水平的智力生活了。如果你自己没有求知的激情，怎么可能在学生心中点燃同样的激情呢？所以，我认为，一个好教师理应把自己定位为知识分子，永远保持学习、思考、钻研的习惯。

二、爱学生，真正把学生当作目的。

谈到教师的道德素质，我认为爱学生是最重要的师德。如同罗素所说，一个理想教师的必备品质是具有博大的父母本能，如同父母感觉到自己的孩子是目的一样，感觉到学生是目的。学生的年龄越小，这一点就越重要，因为孩子尚缺乏理性判断和情感自主能力，教师的态度会直接影响到他们对生活和学习的信心。

爱学生当然不是表面的随和，仅仅能和学生打成一片。把学生当作目的，这是对爱学生的实质的准确表述。爱学生的教师，一定会把心思放在学生身上，对学生的成长真正负起责任来。正因为如此，他会为每个学生的进步感到由衷的高兴，同时感到自豪，视为自己的人生成就。一个教师是否真爱学生，学生心里最清楚——他一定会受到学生广泛的敬重和喜爱，而我们也就有基本的理由承认他是一个好教师。

三、懂教育，拥有正确的教育理念。

教师以教育为职业，按理说都应该是懂教育的，其实不然。一个教师在从事教学工作时，自觉不自觉地都体现了某种教育理念，但有正确与错误之别。尤其在现行教育体制下，如果缺乏独立思考，更可能是错误的。

就单个的教师而言，教育理念不是孤立的东西，也不是抽象的理论，而必定是和他的人生观、价值观有密切联系的，是他的整体精神素质在教学上的体现。说到底，做人和教人在根本上是一致的。一个在人性意义上优秀的教师，他在自己身上就领悟了人性的宝贵，绝不会用压抑和扭曲人性的方式去教学生。相反，那些用这种方式教学生的教师，自己的人性在相当程度上往往是不健全的。在具体的教学中，这种内在的差异几乎是无意识地表现出来的，但是泾渭分明，一目了然。

不过，要自觉地、坚定地拥有正确的教育理念，不能只凭直觉。我认为，一个教师无论教的是什么课程，教育理论都是他的必修课，而且应该在教学生涯中不断重温和深化。在这方面，我建议读一些教育哲学的著作，而不要限于教育学、心理学、教学方法之类，因为教育哲学所探讨的正是教育理念，即教育的根本道理。历史上有许多哲学家写了教育论著，例如洛克、卢梭、康德、杜威、怀特海，他们的教育主张未必一致，但皆深谙人性，各有真知灼见，认真地读一读，一定会有豁然开朗之感。

四、讲究教学艺术，让学生感受到知识的魅力。

在教学方法上，我认为最重要的是要让学生感受到知识的魅力，使之对你所教的这门课发生兴趣。兴趣是学习的前提，没有兴趣，就只好靠灌输，其效果如何，当教师的都很清楚。一个学生对某一门课能否产生兴趣，取决于两个因素，一是这个学生的天赋类型，二是任课教师的教学水平。一个好的教师不可能使每个学生都对自己所教的这门课产生强烈兴趣，但可以做到使有这个天赋的学生产生强烈兴趣，而使多数学生产生一般兴趣。

要取得这样的效果，当然不能单凭方法。实际上，这是对教师的综合智力素质的检验。首先，教师对于自己所教的课程，在基本原理方面要做到融会贯通，能够举一反三。现在教育部门在提倡中小学教师的专业发展，我的看法是，这不应该是要求教师的知识达到相关学科中的专业水平——这是不必要的，也是不可能的——而只应该是在教学大纲范围内的通晓和熟练，因为中小学教育是基础教育，不是专业教育。其次，基础教育是一种通识教育，中小学教师不论教的是什么课程，都应该是通识之才，有广泛的知识兴趣和人文修养，如此才能让所任课程的教学活动生动活泼，使学生也产生兴趣并易于领会和接受。

五、处理好素质教育和应试教育的关系。

现在我要说到今天中小学教师面临的最大难题了。应试体制的硬指标具有迫使教师和学生就范的巨大威力，短期内也无改变的希望，这是一个不可回避的事实。完全不顾应试，显然行不通，学校和家长都不答应。但一味顺应乃至迎合，放弃素质教育，则为负责任的教师所不取。不过，我们没有必要陷入这样的两极思维之中。任何体制都不可能把个人的相对自由完全扼杀掉，一个好的教师要善于拓展和运用这个自由，戴着镣铐把舞跳到最好。

我认为，在当今体制下，一个好教师的责任和本事就在于，一方面帮助学生用最少的时间、最有效的方法对付应试，另一方面最大限度地拓展素质教育的空间。这是可以做到的，当然，前提是教师有水平并且肯用心。即使在正常的学习中，教师也应该善于确定知识中必须牢固掌握的要点，避免让学生在次要的细节上耗费大量精力，水平之高低于此立见。可以断定，如果学生牢固掌握了知识的要点，在应试中也不会差到哪里去。现在许多教师仅靠逼迫学生做大量作业来对付应试，其实是最笨也最偷懒的办法，说到底还是水平低并且不负责任。

六、淡泊名利，甘受冷落。

如果一个教师做到了上述几条，无疑就是一个好教师。但是，他很可能会面临一个危险，就是不被现行体制认可，在多数情况下，他的处境往往比那些积极贯彻现行体制的人差。那么，我就要说一说我对一个好教师的最后一条要求了，就是淡泊名利，甘受冷落。你是凭良心做事，当然就应该不计个人得失。一切凭良心做事的人都有一个信念：良心的评判高于体制的评判。你一定也有这样一个信念的，对吧？

2011年3月

向年轻的生命注入贵族气质
——邰亚臣《教育，让人生更美好》序

今天的时代，高贵已成陌生之物。教育原本赋有传承高贵的使命，然而，在应试体制的压力下，教师、学生、家长皆疲于应对，以至于在今天的学校里，传承高贵似乎成了一种不合时宜的奢侈。现在，这里有一位中学校长，他仍执着于这种不合时宜的奢侈，用他的话来说，就是要向年轻的生命注入贵族气质。面对他的努力，我不由得肃然起敬。

本书中的文字，大多是邰亚臣校长在学校里的公开讲话，听众主体是学生。一个校长向学生训话，再平常不过了。可是，且慢，你读一下就知道了，这个校长有点儿不一样。在他的讲话中，你找不到一句官话、套话。他没有把校长讲话当作例行仪式，更没有把学生当作训诫对象，我相信每一次他都做了认真的准备，要和学生进行言之有物的心灵交流，奉献出自己从观察、阅读、思考中得到的主要收获。他的讲话激情飞扬，甚至可以说文采斐然，而说出的则是经过深思熟

虑的真知灼见。

在邰校长身上，我看到了做人与教人、人生理念与办学方针的高度一致。他自己感悟到并且享受到了人生的那些最珍贵的价值，多么希望通过言传身教和制度设计让学生也能感悟到、享受到。当然，这不容易，因为在今天社会和教育的大环境中，正是这些价值遭到了普遍的忽视和损害。我单说其中的两项：个性和优雅。

每个人都是一个独特的个体，个性是人生的珍贵价值，人的多样性是人类创造力的重要源泉。因此，教育应该尊重学生的差异性，为不同个性的发展提供广阔的空间。然而，在当今教育舞台上，通行的是以应试、升学、就业为目标的过度的规划，正如邰校长所指出的，老师、学生、家长的目标被惊人地统一，从上小学开始，孩子们的生活和心灵就被分数以及奥数、英语等各种特长班格式化了。针对这种情况，他向老师和家长呼吁：减少规划，开始等待，让孩子的生命里多一些悬念。他强调：单纯的喜爱是最有尊严的活动，最重要的事情是让孩子恢复对事物本真的兴趣。帮助每一个孩子感知自己内心的真实，发现精彩的自我，展现丰富的个性，是他的明确的办学方针。

除了个性，邰校长还经常谈到优雅。他把培养优雅的文化气质确立为重要的办学目标。优雅或许有二义。一是生活情趣，有真切的生命体验。一句精辟的话："在我眼里，所有对生命还有感动的人，是这个时代的英雄。"二是精神气质，有高贵的灵魂生活。如他所言：学校应该是培养精神气质的圣地。如果说功利性的过度规划摧残了个性，那么同样源于功利性的过度的竞争意识则是优雅的大敌，使得学校成为战场。他告诫学生、老师、家长远离竞争，有一段振聋发聩的话值得全文照抄："我们可能确信不疑，奥数、英语、有名的中学、顶尖的大学、收入很高的工作都是往生命银行里存入的巨款。但如果没有闲适与从容、逍遥与自在，多年以后，我们认为的巨款可能就会变成呆账、坏账。相反，听从内心的呼唤，不断体验生命中的新鲜，可能会成为人生最重要的投资。"

邸校长自己是一个热爱精神事物的人，尤其爱诗歌，在讲话中经常引用中外诗人的诗句。他把诗定义为"夹杂着明亮的忧伤"，单凭这一句，我就知道他不但爱诗而且懂诗。在这个毫无诗意的时代，他偏强调诗歌的教育意义，倡导学生举办诗歌朗诵会，鼓励学生在诗歌里发现生命的源泉，修整内心的空间，以一种不同的方式重新找到自己。一个对诗歌没有精深体验的人，当然是说不出这些话的。

邸校长还在学校里建立了一个博物馆，定期更换和展出不同的艺术品，向全校学生开放，并且由学生志愿者担任讲解员。有一回我去参观，展出的竟是徐悲鸿、林风眠、刘海粟、吴冠中、关良、弘一法师、陈逸飞等大师级的作品，令我大为惊讶。当然，展品是借来的，他在收藏界广有人脉，资源充足。为了让学生受艺术的熏陶，成为他所期望的饱满、有品质的人，他真是用了心。

也许有人会问：身在应试体制之内，做校长的总要对学生应试和升学的成绩负责吧？邸校长的回答是，第一，事实证明，丰富的学校生活对此绝没有消极影响，在北京市的中学里，十五中的高考成绩一直是好的。但是，第二，十五中的育人目标决不定位在清华、北大上，也不和某些顶级名校攀比。因为在他看来，这样做只是以学校为本，而唯有立足于人的全面教育，帮助学生在历史、现实、未来的坐标体系中找到自己的位置，才是真正的以人为本。他的坚定不移的立场是："如果在有名气和明亮之间选择的话，我们会毫不犹豫地选择后者，竭尽全力打造一所照亮学生内心的学校。"

众所周知，在现行体制里，做校长基本上是做官。为邰校长计，他似乎还可以有另一种选择：作为个人不妨讲究精神品位，作为校长则遵守官场规则。今日官场上这样做的人不在少数，不过，人们当然有理由对其所谓的精神品位打一个问号。邰校长太爱学生，不可能这样做。他由衷地感到，教育工作是人生中一场纯真的旅行，途中最美丽的风景就是与孩子们的可爱灵魂的相遇——爱学生也被学生爱。正因为爱学生，他对孩子们在应试体制下遭受的痛苦感同身受，深知责任重大。他向全校老师指出：在今天这个社会里，最大的弱势群体其实是被考试和作业夺去了无数个黑夜与白天的孩子们。他提醒老师们，虽然无法破解体制造成的困局，但要多一些警惕，培养一种勇气，不盲从、不追风，同时更加智慧地工作，少占用学生的时间，为孩子们其实也是为自己找回属于人的基本权利。他向学生们倾吐肺腑之言："你们是压力和年龄不匹配的一代人，从小升初开始就辗转于各种班的痛苦、父母的无助、学校的无力，一路走来，紧张、焦虑、茫然、无所适从，刚到十八岁已是一身沧桑了！"他开导他们："考不上理想大学算什么，不要把人看得太简单和渺小，只要你保有自我选择的勇气，就有一线生机让自己不成为众多的别人。"他大声疾呼："孩子们，我们要一起合作！"

我们看到，面对学生，邰校长掏心窝，讲真话，批评起现行教育的弊端来简直不像一个校长。可是，其实他所做的正是一个好校长在今天所能做的最好的事，那就是让学生对弊端怀有警觉，保持内在的自由，同时在教育实践中最大限度地减轻弊端的危害，为学生拓宽外在的自由。

2012年2月

沙漠上的一块小小的绿洲
——在北京第十五中学初中毕业典礼上的发言

今天，我们的孩子正式从十五中初中毕业了。此时此刻，作为家长，我们有一个共同的心情，就是对十五中校长和老师三年来的精心培育和辛勤劳动充满了感激。我相信，在这一点上，我可以代表家长们来表达我们共同的感激之情。谢谢邰校长！谢谢十五中的老师们！

我接下来要说的话，不一定能代表全体家长，只是我个人的感想。我想说一说我本人最感激十五中的是什么。当今应试教育一统天下，孩子们被考试和升学的负担压得喘不过气来，但是十五中的情形有点儿不一样。在邰校长的领导下，十五中立足于保护孩子们的身心健康和个性发展，在严酷的大环境里为孩子们开创了一个相对宽松温暖的小环境。我深知这样做有多么不容易，需要承受多么大的压力，我对邰校长的智慧和勇气深表敬佩。

现在回想起来，三年前我把女儿送进十五中，而不是别的什么更有名的学校，是多么正确也多么幸运。她马上要读高中了，我们父女俩的想法是一致的，就是仍然选择能为学生的自由发展留出足够空间的学校，坚决不上那种唯应试成绩是求的所谓高考能校。我一向认为，一个孩子只要素质好，有自己的真兴趣，能够快乐学习和自主学习，将来一定会有出息。相反，拼命应试，没有自己的真兴趣，没有自主学习的能力，即使考上了清华北大，也不会有多大出息。我是北大毕业的，我知道北大毕业后没出息的人多的是。

所以，最后，我要表达自己的一个真诚的愿望，我衷心希望十五中把已经走对了的路坚持走下去，维护好应试教育沙漠上的这一块小小的绿洲，从而继续造福现在仍然在校的孩子们，造福今后将要入校的孩子们。谢谢。

（附记：毕业典礼于2013年6月20日举行，此时邰校长已被通知调离十五中，他选择了辞职，我在发言最后表达的愿望其实隐含了深深的不安。）

2013年6月

诗性的教育感悟

——林茶居《我的教育乡愁》序

喜欢这个书名，觉得它意味浓郁。读完书稿，还觉得它贴切。我体会，教育之成为作者的乡愁，有两层含义。其一，他的早年记忆中铭刻着多位教师的形象，他自己也从十六岁起当上了一名教师，教育是他钟爱的事业。其二，在今天的时代，他心目中那种真正的教育失落已久，教育是他渴望寻回的理想故土。

正是怀着这两种乡愁，在离开教师岗位之后，林茶居创办和主编了《教师月刊》。他为这份杂志向我约稿，是我们结识的机缘。

作者又是一位纯正的诗人。这使我对他的这本谈教育的书满怀期待。书中引谢林之言："诗是人的女教师。"诺瓦利斯之言："诗是保证直觉健康的艺术。"我相信，一个受了诗这位女教师的熏陶、保持了健康直觉的人，对于教育一定会有独特的、直入本质的理解。事实的确如此。

在本书中，作者谈教育，也谈诗歌、艺术、生活，随处有令人眼睛一亮的闪光的文字，我在这里仅对其中若干诗性的教育感悟表达自己的赞赏和呼应。

诗与教育原本是相通的。人是一个有灵性的生命，诗是这样一个生命的歌唱，而教育则是这样一个生命的健康生长。生命是教育，尤其是早期教育的第一关键词。孩子首先是一个生命。"在苏霍姆林斯基的教育话语里，没有'学生'，只有'孩子'或'儿童'"。天真率性是孩子天然的生命状态，可是中国人总是强调孩子要"懂事"。"也许有的'妈妈'被孩子的'懂事'感动了。只是这种感动非常廉价。这种感动不是一个'妈妈'的感动，而是一个成人的无知与自得"。时下流行所谓"感恩教育"，把感恩窄化、矮化、俗化为"孝""敬""顺"，甚至教孩子给父母洗脚、过生日谢父母的生育之恩，荒唐到了极点。孩子天然的感恩"实际上都在那一声叫不腻、喊不累的'妈妈''爸爸'里"，而人的感恩之心应该"面对的是'天地'，是'人间'，是'命运'，是'花开花落'，是生命的'偶然'，是他自己的'珍惜'"。好的家庭教育绝无刻板的规矩和明确的目标，乃是"'一家人'的欢乐、吵闹和争执"。鉴于今日教育包括家庭教育的病态、阴郁、粗鲁、功利，作者的一句点睛之语是："那些活得健康、阳光、优雅、无私的孩子，他们的父母是这个时代的'劳动模范'。"

诗歌创作过程有两个特点，它既是对个人经验的唤醒，又是对灵感突现的敞开。教育过程与此十分相似。一方面，教育也是"对个人经验的发现、呼唤、亲近、激发、彰显"。所谓个人经验，不只是指外部经历，更是指内在体验。其中，"能不能保持精神的青春期是精神成长的关键性问题。那些天真，那些萌动，那些多情，那些梦想，那些对美好事物的无限迷恋……精神成长不仅指向未来，还意味着对过去的保持，对过去的不断唤醒、激荡、敞开、照亮"。另一方面，教育又是对未来种种未知的可能性的敞开。"孩子的成长不是反应性的，而是创造性的，是对自我、对世界、对生命奇迹的创造"。"每一个孩子的成长都充满奇迹和意外。你现在根本就无法知晓他将来会成为什么样的人，从事什么样的职业"。今日的教育恰恰在这两个方面都背道而驰，功利性的目标统率一切，把个人的内在经验和创造潜能都扼杀了。

教育要能够唤醒个人经验，开放创造机遇，就必须慢。在古希腊文中，"学校"和"闲暇"是同一个词。世上一切好东西，包括好的器物、好的诗、好的教育，都是在从容的心境下产生的。作者引叶圣陶的名言"教育是农业而不是工业"，评论道：这"才是体贴人性、让教育之善充分敞开的美好叙事——它准确地握住了教育'慢'的、'个性'的、'顺应自然'的本质"。今日教育的"快"，实质是急功近利，让学生做的大量事情与教育无关，甚至是教育的反面。可是，孩子和家长却因此没有了喘息的时间。"孩子们的成长被加诸了太多的人生难题。教育在这个问题上正做着雪上加霜的事情，还美其名曰：为每一个孩子的一生负责"。"这个时代的中国父母也许是有史以来过得最累的父母。告诉他们可以不做什么比告诉他们应该做什么可能更为急迫"。做减法，减去非教育性质的负担，不但给真正的教育腾出了空间，而且孩子和家长都会轻松得多，这是多么中肯的提醒。

作为一个执教多年的语文教师，作者对语文教学也有精当的识见。"好的语文教师的一个重要标志就是：有足够的激情与办法让好的文字和孩子相互照亮，相互敞开，相互召唤。它促成这样一种令人向往的教育情境：孩子在好的文字中认出'我'，发现'我'，感受'我'，教育'我'。"读到这个话，我不由得击节赞叹。倘若不是一个深谙文字的精神品格的诗人，怎么说得出这个话。当今语文教学弊病甚多，举其要者，一是技术主义，课文分析则武断所谓主题思想、段落大意，作文则强求所谓遣词造句、谋篇构局。作者责问道："谁给了你'遣'词'造'句'谋'篇'构'局的权利？你所应该做的是丰富自己的内心，听从语言的召唤。"二是道德主义，所谓"先做人，后作文"，而把"做人"局限为做"道德的人"。作者指出，这个命题若要成立，"做人"应该是做"思想的人""情感的人""心灵的人""精神的人""审美的人"等，而不只是"道德的人"。事实上，在道德主义的逼迫下，假大空已成学生作文的通病。写假话甚至是一种硬性要求，比如说，让与父母长期分离、艰难度日的"留守儿童"在作文里写"我幸福的一家"，用学到的形容词歌颂祖国和展望未来。在这样的语文教学中，既没有好的文字——即使本来是好的文字，遭到技术主义阉割和道德主义曲解后，也成了坏的文字——又没有真实的"我"，没有真实的生命和心灵，遑论相互照亮。

最后，我想说，在教育沦陷的今天，作者的教育乡愁在不同程度上也是每个常识尚存的人的乡愁。因此，让教育回归常识，是我们的共同心愿和责任。

2011年12月

应试体制下好教师的责任

——答《教师博览》

问：每个教师都渴望成为好老师。您心目中的好老师是怎样的？您记忆中教过您的好老师能否列举一二？

答：我心目中的好老师，最主要的是两点。一是他本身热爱智力生活，热爱知识，有学习、思考、钻研的习惯，亦即具备良好的智力品质。二是爱学生，拥有广博的"父母本能"，真正把学生当作目的，能把学生的进步感受为自己的重大人生成就并为之欣喜。这样的老师，因为第一点，学生敬佩他；因为第二点，学生喜欢他。老师好不好，学生最清楚，一个受学生敬佩和喜欢的老师就是一个好老师。

我读中学时，老师大多比较敬业，有才有德的不少，此刻在我的记忆中闪亮的形象不止一两人。那时学校环境比较宽松，不像现在用应试标准"一刀切"，有思想、有个性的老师往往遭到逆淘汰。

问：您曾经说过，现行教育体制不尽如人意，但即使在这样的体制之下，一个教师同样可以有所作为。能否请您具体谈谈，该怎样作为？

答：应试体制的硬指标具有迫使教师和学生就范的巨大威力，但是，任何体制都不可能把个人的相对自由完全扼杀掉。同样的体制下，是积极贯彻并以此为己谋利，还是认清并力争减轻其弊端，不同的态度会导致不同的结果。我认为，一个好教师的责任和本事在于，一方面帮助学生用最少的时间、最有效的方法对付应试，另一方面最大限度地拓展素质教育的空间。当然，这是一个很高的要求，这样做的教师在现行体制中很可能会吃力不讨好。没有办法，许多时候我们只能凭良心做事，不计个人得失。要有一个信念：良心的评判高于体制的评判。

问：在中国人目前的精神生活中，教育本应该发挥出扭转世道人心的力量，社会各界均寄予厚望。您如何看待教育，特别是中小学教育，在一个人生命成长方面的功用？

答：在一个人的精神生长中，中小学无疑是关键阶段。早期的生长总是更重要、影响更深远的。此时心灵如遭扭曲，以后矫正起来就很困难。这些都是常识，可惜现在人们为了逐利已经顾不上常识了。

问：现在中小学教育界大力提倡专业发展。如果一个老师在专业发展上做不到优秀，那么他是否还可以成为一个优秀老师？教师专业发展和师德师风的培养会有矛盾吗？如果有，该如何协调？

答：中小学教育是基础教育，不是专业教育。因此，提倡教师的专业发展，不应该是要求教师对于所任课程的知识达到专家水平，而只应该是在基本原理方面的通晓和熟练。基础教育是一种通识教育，中小学教师应该是通识之才，有广泛的知识兴趣，如此才能够把所任课程的教学做得生动活泼，使学生也产生兴趣并易于领会和接受。我认为脱离通识能力强调专业发展是片面的，不符合中小学教育规律。

问：作为家长，如果您的孩子在个人兴趣特长方面与学校应试升学体制产生严重冲突，您会怎么做，来兼顾孩子个人的生命感受和升学发展？

答：尽量兼顾，真正发生了严重冲突，我宁可让升学前途为孩子的兴趣和快乐让步。

问：有一位中学生委托我向您提问："80后作家韩寒以思想独特、语言犀利著称，但我最喜欢他是因为他说青少年最好不要学他，也不要被他影响，要有自己的思想，而日本作家村上春树却说小说家的任务就是给读者传递精神力。请问周老师，您以一位作家的身份来说一说，一位作家应不应该用自身的价值观来影响读者？"

答：两位作家的说法其实不矛盾。我理解韩寒的意思，是不要把他当作偶像，学他的外在路程和个别言论。一个好的作家并不把影响读者当作自己的目标，他通过作品探究人生，思考社会，贯穿于其中的精神力、价值观自会对读者产生影响。

问：另有一位学生问您："读了您的《读〈圣经〉札记》感触很深。

《圣经》和哲学教材同样深刻，却更有趣，经过您的解读也变得更易懂了。但是，关于'有人打了你的左脸，你应该把右脸也送上去'的说法，我仍然很不认同。有一句名言是'如果你不弯腰，别人也不能爬上你的背'。虽然以暴易暴不被提倡，但对抗暴力至少也应该像甘地那样采取非暴力抵抗的方式啊。请问周老师，您是如何评判非暴力抗恶的？"

答：我对耶稣这句话的解读只是一个角度，取其不在得失的层面上计较的含义，其实也是一种非暴力抗恶的方式。"把右脸也送上去"的姿态可以是谄媚的，可以是屈辱的，也可以是高贵的，后者是对"有人打了你的左脸"的彻底解构。

问：我们很喜欢看您的书，感觉您很懂生活。在《宝贝，宝贝》中，您的女儿很可爱，您也很爱您的女儿。您不厌其烦地记着女儿的成长故事，同时在其中探讨人生，真的很令人感动。我们有点儿困惑的是，在这个糟粕与精华共存、前卫与传统交锋的时代，一个人在心灵的朝圣路上，如何一直保持自己的纯真美好？如何知道自己所坚持的是对的？这是一个理想主义远去的时代吗？如何让自己的个体生命——善良、丰富、高贵？

答：一个人拥有自己明确的、坚定的价值观，这是一个基本要求。当然，这需要阅历和思考，并且始终是一个动态的过程。价值观完全不是抽象的东西，当你从自己所追求和珍惜的价值中获得巨大的幸福感之时，你就知道你是对的，因而不会觉得坚持是难事。理想主义永远不会远去，它在每一个珍视精神价值的人的心中，这是它在任何时代存在的唯一方式。

问：众所周知，您是著名的哲学家。在教育教学生活中，哲学可以发挥什么样的作用？中小学教师应该阅读哪些哲学书籍？

答：哲学是人生的总体性思考，关于它与教育的关系，我曾如此写道——"人生问题和教育问题是相通的，做人和教人在根本上是一致的，人生中最值得追求的东西，也就是教育上最应该让学生得到的东西。我的这个信念，构成了我思考教育问题的基本立足点。"历史上最伟大的教育思想家都是哲学家，如洛克、卢梭、康德、杜威、怀特海。首先读一读这些哲学家的教育论著吧。

问：我们还知道，您是一位具有强烈自由精神的公共知识分子。您认为，一个优秀教师和一个公共知识分子的关系可以转换吗？怎样转换？

答：不要在乎身份。一个优秀教师，当他按照正确的理念从事教育实践，用行动与错误的教育体制相抗争之时，他已经是一个对重大社会问题表明其鲜明态度的公共知识分子了，根本无须转换。

2011年2月

理想照耀下的务实

——赤峰建筑工程学校印象

　　内蒙古喀喇沁旗草原上有一所中等职业学校，因为校长爱读书并且偏爱我的书，这所我以前不知的学校便和我有了一种特别的联系。

　　今年8月，应巴易尘校长邀请，我们全家来到草原，我第一次走进了赤峰建筑工程学校。正值暑期，学生已放假，宽阔的校区格外宁静，迎接我的是教师们一张张热情的笑脸。整齐的教学楼外，路旁竖立着四幅肖像，分别是建筑家贝聿铭、艺术家韩美林、文化学者冯其庸和我，四人被学校认定为导师。楼内走廊的墙上，则悬挂着十来位世界著名建筑师的肖像，配以每位大师的语录和代表作照片。看到我的肖像，我很羞愧，但我知道这不重要，重要的是整个环境布置所体现出的价值取向，所烘托出的文化氛围，使你难以相信这仅仅是一所培养建筑技术工人的职业学校。

　　然而，它确实是的。走进教室，我看到了教学用的各种砖结构模型。除了多个建筑专业，学校还有一个幼师专业。巴校长到来之前，这是一所快倒闭的民办学校，巴校长接手才两年，学校不但转成公办，而且越办越兴旺，校区面积一百七十亩，在校生从两百多人增加到两千多人。他还告诉我一个好消息，政府新批两百多亩地，用于开办钢结构专业和驾校。我面前的这个理想主义者，其实也是一个能力超强的实干家。

最近十多年来，普通大学拼命扩招，职业学校明显萎缩，其恶果业已彰显。一方面，大学生毕业即失业成了突出问题；另一方面，社会迫切需要的技术人才却十分紧缺。在这种形势下，巴校长花大力气办一所好的职业学校，针对社会之需设置专业，正显示了他的务实眼光。事实上，和普通大学生比，赤峰建工培养的学生的确更有用，也更幸福，完全不存在失业问题，就业率达到百分之百。

一般来说，职业学校招收的是考不上大学的学生，他们会有自卑心理。不过，仔细分析起来，这个自卑心理并无道理，是社会上主导的功利主义价值观造成的，应该也能够通过人文教育帮助他们树立做人的自信。巴校长正是这样做的，一手抓专业建设，一手抓人文教育，在师生中大力开展读书活动。事实上，普通学校的学生面临高考和就业的激烈竞争，课内"有用的书"尚且对付不过来，哪里有心思和工夫去读"无用的书"，而职校学生并无这个问题，心态比较放松，正是读"无用的书"的有利条件。人生在世，既有足以谋生的技术，又有照亮心灵的理想，做人就一定自信。我说赤峰建工的学生比普通大学生幸福，这是更充分的理由。

巴校长是一个爱书之人，深知读书的益处。他又是一个仁爱之人，自己得到的益处要别人也得到。所以，他不但自己爱书，也要教师和学生爱书，还要他遇见的一切人爱书。据说他有一个习惯，见了人总问："今天读书了吗？"对于不读书的人，他一概不理睬。据说他还有一个习惯，见了喜爱的书，总是买许多送人。一本《周国平论教育》，他买了不下一千册，本校教师人手一册，还大量赠送别校的教师和政府的官员。我知道我的书没有这么好，但这同样不重要，令我惊喜的是看到一个热爱人文书籍的人，当了一所技术学校的校长，竟也可以把学校办得这么出色。

在赤峰时，巴校长对我说过一句话：学校文化其实就是校长文化。说得对，这也是我的看法。一个学校有一个好校长，带动一批好教师，就一定会成为好学校。所以，如果学校办得不好，首先要问责校长。他还对我说了一句话：许多校长其实不是校长，而是厂长，甚至是监狱长。说得好极了。在今天的应试体制下，把学生当作无个性的产品来批量生产，当作无人格的囚犯进行封闭式管理，这样的学校还少吗？

巴校长对我的确太偏爱，竟然用我的名字命名学校图书馆，竟然组织教师学习苏霍姆林斯基、陶行知和我的教育思想，这都令我诚惶诚恐，我可断定是百分之百的错爱。苏霍姆林斯基和陶行知当之无愧，但我哪里有什么教育思想，只是读过哲学家们的一些教育论著，然后发表过一些体会罢了。我恳切希望去掉所有这些不实之誉，倘若做不到，就只好自认是巴校长棋局上的一枚棋子，既然整个棋局是优良的，把我派作什么用场就不必顶真了。

2013年8月

中学老师是最难当的

——《教师行走丛书》序

　　癸巳年夏，行走内蒙古草原，得以结识孙志毅老师。我见到的孙老师，是学问中人，也是性情中人，满腹诗书，一身清爽。我喜欢听他谈古说今，描摹当地名物，而逢应酬的场合，看他如局外人一般淡漠无言，我更心生欢喜。现在，由他牵头编辑《教师行走丛书》，收六位作者的教育随笔和手记，嘱我作序，我欣然命笔。我素来由人判断事的价值，相信纯粹之人必做纯粹之事。六位作者皆是内蒙古基础教育领域的精英，在本书中可以一睹其行走的风姿。在他们的这趟教育之旅中，我很乐意做一个随行者，说一点儿外行的想法。

　　基础教育是学校教育的重要阶段，我认为也是最艰难的一个阶段。怀特海在论述智力发展阶段时指出：小学和大学都以自由为主导，唯有在中学阶段，纪律是主导，自由必须从属于纪律。按照我的理解，自由是顺应兴趣，而纪律是服从必须。在小学阶段，智力教育的重点是激发和培育一般的求知兴趣；在大学阶段，则是根据业已明确的兴趣方向自主地学习。中学阶段的情况却大不相同，不管是否感兴趣，学生必须学习大量基础知识。因此，中学生是最辛苦的，中学老师也是最难当的。当然，没有兴趣的学习是低效率的，而困难正在于如何引导学生对必须学的知识产生兴趣，使纪律成为自由选择的结果。事实上，即使在学习基础知识的过程中，有三个因素也是具有超越知识本身的价值的，那便是：一、通过文史哲课程的学习受到人文熏陶，拥有丰富的心灵和高贵的情怀；二、通过数理化课程的学习得到思维训练，培养智力活动的兴趣和习惯；三、通过全部课程的综合了解人类知识的概貌，犹如在胸中画一张文化地图，为确定个人兴趣方向和今后专业选择提供依据。在我看来，这三者是比知识更重要的目标，如果它们在教学中得到充分的体现，就能够大大提高学生学习知识的兴趣和效率。

无论是教中小学还是大学，教师都应该具备优良的精神素质。他自身是一个热爱智力生活、对知识充满兴趣的人，才能够在学生心中点燃同样的求知热情。他自身是一个人性丰满、心灵丰富的人，才能够用贴近人性、启迪心灵的方式去教学生。除此之外，鉴于基础教育的特点，对中学教师还有特殊的要求。其一，基础课程横跨文理，科目多，知识量大，因此，中学教师特别要讲究教学艺术，寻求效率的最大化。对于所任的课程，他要善于精选学生必须精确而牢固地掌握的关键内容，把这些内容真正讲透，因而不必勉强学生去熟记许多次要的东西。这样的教学既能节省学生的精力，又容易引发学生的兴趣。当然，要取得这样的效果不能单凭方法，教师自己必须相当精通所任的课程，对基本原理能够融会贯通，举一反三。其二，中学教育实质上是通识教育，因此，中学教师应该是一个通识之才，一个某种程度上的"杂家"，有广阔的知识面，这样才能够触类旁通，把所任的课程教得生动活泼，趣味十足。学生的天赋是有差别的，未必对你所教的这门课程有兴趣，但是一个好的教师可以做到两点，一是使天赋类型适合的学生产生浓厚的兴趣，二是使天赋类型未必适合的学生产生一般的兴趣。

　　说了上面这些外行的想法之后，我越发相信我的这个判断了：中学老师是最难当的。因此，我要向本丛书的六位作者，也向全国基础教育领域的每一位优秀教师表示我的深深的敬意。

2014年6月

从观念到细节

——朱永通《教育的细节》序

朱永通君曾担任中学语文教师，后又从事教育刊物和书籍的编辑工作，本书是他在教育领域多年观察和思考的心得的一个结集。他是一个有心人，无论到学校采访、出席论坛和活动、看稿件和报道，还是女儿的上学经历和反应，他都能从中发现生动的细节，引发深入的思考。《教育的细节》是书中一篇文章的标题，他用来做全书的书名，我觉得很有道理，因为关注细节正是他的教育思考的特点，也是本书的特点。

浏览本书，有三个概念给我留下了深刻的印象，我想用它们来阐释我对本书的解读，亦引申出我自己的思考。这三个概念是"观念""细节"和"一厘米"。

"观念"是本书第一辑的主题，也蕴含在其他各辑的论述中。观念的重要性在于，它决定了人的行为的方向。哈耶克指出，哲学的影响是最大的，它用一般观念影响社会科学，社会科学又用根据一般观念对具体问题的思考影响大众。作为社会科学的一个领域，教育更是如此，人生观决定了教育观，一个时代的教育状况背后必有一种起支配作用的基本价值取向。基于这个理由，我本人一直认为，要改革当今中国教育的诸多弊端，关键在于正本清源，澄清教育的理念。

观念并不抽象，正如第一辑标题所示，人是"活在观念里"的。这个在生活中无处不起作用的观念，不管是源自文化传统的基因、意识形态的灌输、生存环境的浸染，还是社会转型的折射，一经铸成，就如同幽灵一样深藏在无意识之中，操纵人们的行为。这就有了"细节"的重要性。如果说观念决定方向，那么细节则体现了观念，正是从细节中可以最清楚地看到真正起作用的观念是什么。

看一所学校的教育观念是否对头，不必看校园文化是否有声有色，教育改革是否轰轰烈烈，考核指标是否名列前茅，这类表面文章有时还是反面证据，一个细节就足以让背后隐藏的丑陋暴露无遗。本书中有一个例子。在一所重点小学，校长带作者参观，一路娓娓介绍校园布置如何体现学校的教育理念。上课铃响，两个男生急匆匆地迎面跑来，见到校长，一脸慌张，想躲闪而无处可躲，硬着头皮继续跑。这时校长突然铁青着脸，把两人喊住，厉声训斥。作者被校长判若两人的表现镇住了，由此想到：学生迟到是常见现象，却像试纸很快就能检测出教育行为背后的价值含金量。

的确如此。用什么态度对待学生迟到，是否尊重后进生的人格和自尊心，布置作业是否用心思让学生的学习既有效又省时，能否尽力给学生的个性差异留出空间，给不给小学生留出足够的睡眠时间，这些都是细节，却体现了教师是否爱学生，学校是否学生本位，教育是否立足人性。总之，体现了基本的教育理念。

这就要说到"一厘米"的概念了。德国统一前两年，民主德国卫兵亨里奇射杀了一名企图翻越柏林墙出逃的青年。柏林审判时，被告律师辩称，受审人当时只是执行命令，没有选择的权利。法官的反驳十分精彩，指出即使执行命令，仍有把枪口抬高一厘米的主权，可以选择打不准。作者把这个典故应用到教育工作上，提倡"一厘米之变"，从能改变的地方开始，积少成多，以此引发更大的改变。确实，我们无能力改变整体的教育体制和环境，但是任何体制和环境都取消不了个人的相对自由，而这个自由正是体现在你如何处理一个个细节上。

当然，"一厘米之变"的作用毕竟是有限的。在一定意义上，这是教育界有良知之士在现行体制下的无奈选择。根本的改变是推翻柏林墙，让"一厘米"的主权成为不必要。倘若行政主导、功利至上的教育体制无根本改变，"一厘米之变"往往也是困难重重，坚持者会被边缘化其至遭到逆淘汰。

作者耳闻目睹中国教育界太多的怪现状，有按当地教育主管部门规定放学十分钟后清空校园的"减负"新政；有教学楼里布满书架，书架上摆满廉价垃圾书的著名"书香校园"；有打造"教改"神话，不到三年吸引五十多万人参观、门票收入三万多元、拉动周边第三产业获利四十五亿元的"品牌"乡村中学，不一而足。我读后无语。观念有正确和错误之别，而比错误观念更可怕的是虚假观念，在被歪曲的"减负""书香""教改"等招牌之下，中国教育舞台上在上演多少荒诞剧！而在这类剧目中，都可以看到行政机构担任的导演角色。我不得不说，现在我对中国教育的唯一期望是减少荒诞，回到常识，而这何其难也。

2015年8月

第五辑

教育哲学三书导读

我发现，

关于教育的最中肯、

最精彩的话往往出自哲学家之口。

培养健全的心智

——洛克《教育片论》导读

洛克的《教育片论》是西方近代第一部教育哲学名著。洛克自己未婚也无子，但是，他曾经长期担任家庭教师，深受孩子们喜爱，在教育上颇有心得。作为一个哲学家，他对人性又有精准的观察和理解。因此，我们看到，这个单身汉谈论起教育来，既高屋建瓴，又体贴入微，是天下父母和教育专家难以企及的。他的教育思想十分丰富，始终围绕着一个核心，就是培养健全的心智。

一、教育为一生打基础

洛克极其重视儿童期的教育，他如此形容孩子们："他们是刚刚来到一个陌生国家的旅客，对于这个国家，他们一无所知，因此我们要有良知，绝不可误导了他们。"按照洛克的认识论，孩子刚刚来到这个世界，心灵是一张白纸，至多只有胎儿期印上的少许观念。在人生的早期，他们获得怎样的经验，心灵印上怎样的观念，对一生影响至深，而这在很大程度上取决于受怎样的教育，因此父母、教师和整个社会责任重大。

洛克承认，有极少数天赋卓绝的人，他们不受教育的影响，自己能够朝着优秀的方向发展。但是，绝大多数人之所以成为好人或坏人，成为有用之才或无能之辈，是由所受教育的差异造成的。教育奠定了一个人一生发展的基础，导致了人与人之间的千差万别。儿童期的教育尤其重要，因为幼小心灵里形成的细微的甚至觉察不到的印象，都将对一生产生非常重要的、持久的影响。这就像一条河流，在源头上发生一个小小的转向，就会流向截然不同的方向。教育上的错误是无法挽回的，好比配药第一次配错了，再也不能由第二次、第三次得到弥补，将在人生今后的每个阶段打上根深蒂固的烙印。

所以，一定要重视儿童期的教育，给孩子的一生打下好的基础。许多家长只顾给孩子积聚财产，让孩子得到各种奢侈的享受，针对这种家长，洛克说：你们这样做，只是在表现你们自己的虚荣心，不是真正为孩子好。只有用心培养孩子的心智，让他成长为一个聪明又善良的人，才是真正爱孩子，因为"一个聪明又善良的人很少不是既在别人的看法中，又在事实上伟大而又幸福的；但是，一个愚蠢又邪恶的人，无论你留给他多少财产，他终究既不会伟大也不会幸福"。

二、先纪律后自由

对于孩子的教育，如何把握好纪律与自由之间的度，是一个困扰家长们的问题。太强制会压抑孩子的天性，太放任又会把孩子惯坏，似乎左右为难。洛克的观点很明确，认为儿童期应该以纪律为主，随着孩子长大，应该逐渐转变成以自由为主。

1. 儿童期以纪律为主

洛克认为，一切德行和优秀品质的基础在于服从理性，具有克制欲望的能力。这个要求与幼童不受约束的天性正好是相反的，因此必须及早培养，养成习惯。儿童期养成的习惯是最不易改变的，因此儿童教育中最应该当心的事情是让孩子养成什么样的习惯。

通常的情况是，孩子越幼小，父母就越是娇惯。洛克建议采用相反的做法，自孩子出生起，就训练他克制自己的欲望，不可让他怀有不切实际的妄想。他第一件应该明白的事情是，他之所以能得到某样东西，不是因为这样东西他喜欢，而是因为他适合得到它。每当他想得到不适合他的东西，或想做不适合他的事情之时，就要阻止他，不要因为他小就纵容他。不管他如何纠缠不休，唯其因为他纠缠不休，就更要拒绝他。一个必须遵从的原则是，一旦你拒绝了幼童的某个要求，就再不可因为他纠缠和哭闹而让他满足。否则的话，你只会让他变得专横任性，令人讨厌。给孩子立规矩要尽量少，但一旦立了，就必须监督他执行。

洛克反对把孩子交给仆人带，因为仆人喜欢博取孩子的欢心，这样就削弱了父母立的规矩的威力，减低了父母在孩子心中的威信。今天很多父母把孩子交给保姆或老人带，往往有同样的弊端。

以纪律为主，并不是不给孩子自由。当孩子在父母或老师的视线范围内之时，应该让他拥有与其年龄相应的自主和自由，不可施以不必要的约束。不能妨碍他做孩子的权利，不能妨碍他像孩子那样游戏和行为的权利，除了做坏事，其余的自由都应该给他。倘若让他在父母或老师身边感觉像坐牢似的，他讨厌与父母或老师在一起又有什么奇怪的呢。

万事都有一个度。如果管教过于严厉，孩子心灵受到压抑，就会失去活力和斗志，结果可能比不加管教更糟糕。洛克说，一个放纵自己、富有朝气的人，一旦能够走上正道，就还可以成为大有作为的人物；可是一个胆小顺从、萎靡不振的人，却是很少能够再获栽培、有所作为的。然而，要避免两方面的危险，实在是一门高深的技艺。

2. 随着孩子长大，以自由为主

随着孩子长大，以纪律为主应该逐渐转变成以自由为主。孩子已经能够运用自己的理性，你就应该给他相应的礼遇，逐渐放松管束，更多地采用平等商量的方式。部分他自己的事情，你要信任他，听凭他自己去处置。事实上你也不可能有那么多精力时时监视他，最好、最保险的办法就是把良好的原则植入他的心灵，让他养成习惯。父母要经常和孩子谈心、聊家常，这是最有助于建立和巩固亲子之间的友谊的。孩子幼小时，你用畏惧和服从在他心目中树立起了你最初的权威，当他长大时，你就应该用爱和友谊维系你的权威。这样的话，先前父母的约束反倒能够增加子女对父母的爱戴，因为他终究会发现，先前的严厉只是为了他好。

洛克指出，世人的做法正好相反，子女幼小时，过度地放纵和溺爱他们，而当他们长大了，却又对他们严厉起来，关系变得疏远。缺乏理性能力时加以放纵，具备理性能力时待以专横，这种做法是颠倒的，显然违背了人性的规律。

3. 正确的亲子关系

基于上述见解，洛克认为，正确的亲子关系是这样的：孩子幼小时，应该视父母为君主，自己为臣仆，对父母怀有敬畏之情，父母享有绝对的权威；孩子长大了，应该愿意视父母为最好、最可靠的朋友，对父母怀有敬爱之情，亲子之间是平等的关系。

对于洛克的这个说法，我非常赞赏后一半，不太赞同前一半。他强调对幼童讲纪律，培养自制力，不可放纵，这是对的。但是，我觉得他低估了孩子的理性能力，尤其是理性能力中他本来最看重的直觉能力。幼童的直觉能力未受污染，印在心灵上的错误观念少，这正是比大人优越的地方。许多父母是从错误观念出发教育孩子的，用君臣关系作譬，这样的父母就是昏君，不该要求孩子绝对服从他们。

关于亲子关系，洛克还强调爱和尊重，很合我意。他说，他经常诧异地看到，一些父亲明明很喜爱自己的孩子，却总是摆出一副严厉的面孔，一种威严和疏远的姿态，不向孩子表达一点儿爱意，直到离开这个世界，彻底失去对孩子表达爱意的机会为止。他还提醒父母们必须给予子女足够的尊重，这样才能够得到子女的尊重。

三、发展个性和培养公民素质

每个人既是一个独特的个体，又是社会的一个成员。因此，洛克主张，在教育中要兼顾这两个方面，使受教育者的个性得到良好的发展，同时具备良好的公民素质。

每一个儿童都具有独特的天性、偏好、性格以及心灵的倾向，都应该受到独特的对待。人的天性是很难改变的，就像人的体形一样，如果硬加改变，必定会造成损害。因此，教育者应该认真地研究孩子的自然禀赋和偏好，通过试验去观察他们适宜做什么事情，容易走哪一条路，可以成为怎样的人。他应该斟酌，孩子的缺点能否通过勤奋的练习来纠正，是否值得为改造而努力。洛克指出，在大多数情况下，我们所能够做的，或者应该作为目标的，仅是充分地发挥天性所给予的禀赋，促成它所可能具有的一切长处，阻止它最容易产生的弊端。试图完全改变一个人的自然禀赋，乃是徒劳的妄想。

"心智的培养需要长期持续的关注，并对每一个幼童因材施教。"在一个有许多学生的班级里，要这样做是不可能的，因此大班教学是非常不合适的。最好的方式是家庭教师式的，教师可以充分了解孩子的独特天赋和心智特点，有针对性地施以恰当的教育技巧。

在关注个体的独特性同时，洛克又强调，每一个体作为一种道德存在是隶属于人类共同体和社会的，因此，一些社会性品质的培养是教育的重要目标，以期受教育者能够成为合格的公民。还要帮助孩子们了解社会，社会上有种种坏人坏事，而"对社会的唯一的防卫，就是彻底地了解它"。应该向孩子展示真实的社会，不可回避和粉饰，这是避免受到危害的最好办法之一。孩子长大后，应该让他在承受能力的范围内逐步地进入社会，而且越早越好，并且有可靠的人加以引导。

四、心智的培养：做自己心智的主人

教育的核心是心智的培养。良好的心智既是做人的一个条件，也是学习的一个条件。我们在教育上做的每一件事情，首先都必须考虑它将对儿童的心智产生怎样的影响，会让儿童养成怎样的习惯。

在心智中，人的理性是最高贵和最重要的能力，应该获得最大的关心和注意，使它成长起来。理性的正当发展和运用，是一个人在一生中所能达到的至高境界。培养儿童的理性能力，关键是要教会他们做自己心智的主人。要让他们做到一经抉择，就有从自己热衷的事情中撤离的决心，并且从容愉快地投入决定要做的事情，做到在任何时候都能够从懒散中振奋起来，进入积极学习和工作的状态。通过这些办法，儿童的心智可以获得对自身的一种习惯性的支配力，这种能力比起我们通常要求儿童学习的各种知识有用得多。这是一种面对一切事情包括学习的正确的心态，儿童一旦获得，即便具体的学习科目都受到忽视，这种正确的心态将会在适当的时机把它们都催生出来。强健和稳定的心智也是一个人在人生中对付苦难和不测命运的最好武器，它是可以经由练习和习惯培养的。这方面的实践应该及早实施，任何一个及早获得这种训练的人都是幸福的。

那么，应该怎样培养孩子这种支配自己心智的能力呢？洛克真是一个细心人，我举他关于儿童玩具的见解为例。幼童一次只有玩一种玩具的权利，交还了一种才允许玩另一种，这样可以让他养成爱惜和小心保管自己的东西的习惯。最好不给他买玩具，幼童是玩什么都行的，一块光滑的卵石，一张纸，母亲的一串钥匙，给他带来的快乐绝不亚于从商店里买来的昂贵的玩具，后者只要容易得到，是立刻就会被他弄乱、弄坏的。等到他年龄渐长，如果父母不花钱给他买玩具，他就会自己来制作。洛克说，他所谈论的看似只是小事，但是，任何可以形成幼童心智习惯的事情都不该遭到忽视。通过管理玩具和自己制作玩具，孩子能够养成欲望适度、节俭、专注、勤奋、井然有序、持之以恒、思索、创新等品质，这些品质在他长大之后会大有益处的。

五、心智的培养：尊严和教养

心智的培养，体现在社会性品质的培养上，洛克特别重视尊严和教养。

作为理性的存在，人是有尊严的。儿童也是如此，随着理性觉醒，尊严感和羞耻心也会觉醒。在这方面加以强化，对心灵产生的刺激会比任何其他方式更有力。事实上，幼童对别人的表扬和称赞是非常敏感的，时间要比人们想象的早得多。因此，父母和教师要注意，在他做得好的时候予以善待和称赞，在他做得差的时候施以冷淡和批评，如果坚持这样做，其效果将远胜过恐吓和体罚。孩子乐于享受被人尊重的快乐，对自己的过失感到羞耻，就会容易走上爱德行的正道。荣誉虽然不是德行的真正原则和标准，却是离之最近的，它是别人的理性共同给予良好行为的证言。当幼童还不能运用自己的理性判断是非之时，它是引导和鼓励幼童的最合适的方法。

　　洛克并不排斥惩罚的方法，但是，他指出，这个方法不可频繁使用，而当孩子犯了相当大的过失，为此施与必要的惩罚之时，就必须待孩子真正有了改过的表现，才可以与之和解。惩罚的方法无论是频繁使用，还是用了又轻易放弃，都会令其失效。洛克还细心地叮嘱父母们，对孩子的称赞和责备都要把握好分寸，称赞可以当着他人的面，而责备应该私下里进行。总之，要激发孩子的荣誉感和羞耻心，但不可伤害孩子的自尊心。自尊心一旦受到打击，荣誉感和羞耻心就会随之萎缩。

　　洛克认为，有两种常见的不良教养，一是举止拘谨忸怩，另一是举止粗暴无礼。要避免这二者，就必须既不小看自己，也不小看别人。好的教养可以用一个词来形容，便是优雅。优雅是内在的精神和气质的自然流露，待人不卑不亢，处事从容自如，在两方面都毫不造作，它是一个人心智完善的真正标识。优雅是装不出来的，越是努力装优雅，离优雅就越远，越是露出造作的姿态，洛克形容说，这就像在自己的缺陷上面点燃了一支蜡烛。

六、儿童的心智特点和学习方式

　　洛克对儿童的心智特点有十分细致的观察，如何根据这些特点引导儿童学习，他提出了许多中肯的见解。儿童是天然受兴趣支配的，因此，引导的重点应围绕如何让儿童的兴趣保持在良好的状态。

第一，切忌让学习成为孩子的负担。无论让孩子学习什么，都不可使这种学习成为他的一个负担，成为强加在他身上的一个任务。如果你规定幼童在每天的某个时间玩一种游戏，比如抽陀螺，即使他本来是喜欢这种游戏的，可是一旦成为必须完成的任务，他就立刻会对它产生一种憎恶。在孩子的学习上，最坏的做法是强迫他学习，倘若没有完成，就对他进行羞辱和斥责，使得他战战兢兢，担惊受怕。最好的做法是使他能够把学习当作一种荣耀、名誉、游戏和消遣，快乐地学习。孩子出自本性珍爱自由，一心要表现出他做事是出于自愿，而非受人之迫，我们必须牢记这一点。

第二，把握好孩子在兴趣上的有利时机。我们应该根据孩子的天性培养他的兴趣爱好，但要注意，即使是他已经喜欢上的事情，如果他没有心情和情绪做，就不要逼迫他做。不管谁喜欢阅读、写字、音乐等诸如此类的事情，但在某些时候仍会对之没有什么兴趣，倘若在这种时候逼迫自己做，便是自寻烦扰。孩子的情绪更是多变，我们一定要仔细地观察他的情绪变化，注意把握住他在兴趣爱好上的有利时机。孩子兴致好的时候，会乐在其中，事半功倍，相反则会敷衍了事，事倍功半。

第三，适时变换学习的项目。心思散漫是孩子的天性，他容易被新奇吸引，又往往很快会厌倦，变换花样是他的至爱。要求孩子尤其幼童长久地把心思固定在同一件事情上面，是违背他的天性的。因此，不可让孩子长久地做同一件事情。任何于他有益的事情，都应该让他快乐地做，在他产生厌倦之前，就及时地让他转移到另一件有益的事情上去。他感到意犹未尽，才会再一次回到这件事情上来，就像重温一种游戏的欢愉一样。只要安排得当，学习可以是一种游戏，或者是游戏之后的一种消遣，正如游戏可以是学习之后的消遣一样。幼童生性喜欢忙个不停，学习和游戏的变换会令他感到高兴，两件事情都不会令他厌烦。

洛克指出，幼童比大人勤奋得多，如果他这种好动的性情未能用在有益的事情上，责任在大人。当他全身心地投入自己的某个爱好时，他会忽略他不感兴趣的一切事情，因此看上去显得懒散而漫不经心，实际上他的全部心思都在那个爱好上面，只因为怕被你看到而不敢做而已。如何把孩子的兴趣引上理性的轨道，是教育中最应该关注的问题。

七、智育：目标和内容

关于智力教育的目标和内容，洛克说："教师的任务不是把一切可以知道的东西都塞给学生，而是培养他对知识的爱好和尊重，教给他正确的求知方法，使他在有心向学的时候能够提升自己。"一是对知识的爱好和尊重，二是正确的求知方法，有了这两者，一个人就可以自己学习想学的知识了。

对于幼童，要保护和培育他们的自然的好奇心。孩子喜欢提出问题，大人不可制止，更不可嘲笑，而应该给予表扬和鼓励。大人可以用自己的话给他解释，但切不可给他一些欺骗性的回答。从幼童提出的出乎我们意料的问题中，我们往往能比从成人的谈话中学到更多的东西，因为成人总是因袭已经习得的观念和所受教育中的偏见。

无论幼童还是学龄儿童，洛克都反对让他们死记硬背书本，指出这种方式无论对于训练记忆力，还是对于心智的成长，都毫无好处。他也反对逼迫孩子阅读，宁可让他们晚一些学会阅读，也不可使他们因为受逼迫而对阅读产生厌恶之情。他说："我毫不怀疑，在他们这个对一切这类约束都心怀敌意的年龄，用强迫手段把他们束缚在书本上，这正是很多人在整个余生中始终厌恶读书和学习的原因。"

洛克对整个欧洲的学校教育十分鄙视，他指出，这种教育只是让学生适应大学的生活，而不是社会的生活。所流行的学问，只是往学生的脑袋里填满垃圾，其中大部分是他们在有生之年永远不会再去思考一下的，而头脑中遗存的那一点也只会给他们带来坏处。他建议花钱让孩子去学习这些垃圾的父母想一想，当孩子身怀这些学问的印记去闯荡社会的时候，那可笑的样子难道不会贬低他在同伴中的地位吗？

洛克认为最重要的是具有良好的德行、教养和行为举止，同时具有实业家的知识，成为对国家有用的人才。至于形而上学、自然哲学、历史学、数学之类的学问，不妨都教他一些，但目的仅是开启一扇门窗，让他探头浏览一番，有所了解即可，而不是长居于此。倘若他当真产生了兴趣，有心深入探究，那只能在以后靠他自己的天赋和努力，因为没有人是在某个老师的规训和约束下，在哪门学科中取得卓越的成就的。

洛克还主张，年轻人要学习一些今后在日常生活中常用的技能，最好学一门或几门手艺，例如农艺和木工。这两种技艺不但有用，而且最有益于身心，可以让人体会工作的快乐，而这个收获今后在更重要的工作中会发挥作用。

2020年8月

教育就是生长

——卢梭《爱弥儿》导读

《爱弥儿》有一个副题《论教育》，可见卢梭是明确把它定位为一本教育学著作的。形式上它像一本小说，有一个虚构的学生，名叫爱弥儿，全书以第一人称讲述了老师如何从出生一步步培养这个学生到青年时代，卢梭用这个方式完整地阐述了自己的教育思想。

在卢梭之前，洛克著有《教育片论》，卢梭在序言中提到了这部著作，他写道："在所有一切有益于人类的事业中，首要的一件，即教育人的事业，却被人忽视了。我阐述的这个问题，在洛克的著作问世之后，一直没有人谈论过，我非常担心，在我这本书发表以后，它仍然是那个样子。"《教育片论》出版于1695年，《爱弥儿》出版于1762年，相隔六十多年，时间够久的。不过，我们今天看到，这两部著作已经成为西方近代教育哲学的双璧，影响巨大而深远。人们一般把它们看作两个相反派别的开山之作，在基本理念上，二者确有不同，洛克重理性和纪律，要培养绅士；卢梭重自然本性和自由，要培养懂得生活的人。在《爱弥儿》正文中，卢梭略带讽刺意味地说："我可没有培养什么绅士的荣幸，在这方面决不学洛克的样子。"然而，两人都是通晓人性的大师，他们的教育思想事实上有诸多相通之处。

一、自然教育的原理

卢梭主张自然的教育，而自然教育的原理，用一句话概括，便是教育就是生长。由这个原理，他又对教育特别是儿童教育提出了若干重要的看法。我按照自己的理解，归纳出以下要点。

1. 教育就是生长

卢梭说，教育有三种。一是自然的教育，是自然所赋予的感官和能力的内在发展。二是人的教育，是别人所传授的知识。三是事物的教育，是从所接触的事物获得的经验。在一个学生身上，如果这三种教育是一致的，所受的教育就是好的；如果是互相冲突的，所受的教育就是不好的。其中，自然的教育是根本的，三者的一致，就是其他二者要与之适应，知识和经验要顺应内在能力的生长。自然的教育进行得晚而且慢，如果人的教育进行得过早过快，就会打乱自然生长的节奏，使受教育者的身心遭到摧残。

在《明日之学校》中，杜威把卢梭的教育原理概括为教育就是生长，是十分准确的。教育不是把外面的东西例如知识灌输进一个容器，强迫学生接受，而是要让每个人的天性和与生俱来的能力得到健康生长。杜威由此进一步引申说，生长就是目的，在生长之外别无目的。

这就是说，不可以给生长设定一个外部的功利目标，比如将来适应社会、谋求职业、做出成就之类，仿佛不朝着这类目标努力，生长就没有了价值似的。用功利目标规范生长，结果必然是压制生长。生长本身就是目的，就是价值，一个天性得到健康生长的人是既优秀又幸福的，实际上对社会也会有更大的贡献。

2. 把孩子当孩子

教育就是生长，而生长是有自然所规定的节奏的。因此，人生各个阶段都有其自身不可取代的价值，没有一个阶段仅仅是另一个阶段的准备。儿童期尤其有其特别的价值。卢梭说："在万物的秩序中，人类有他的地位。在人生的秩序中，童年有它的地位。应该把成人当成人，把孩子当孩子。"

把孩子当孩子，就是要尊重孩子的天性，让孩子有一个快乐的童年。现在的儿童教育是野蛮的，为了不可靠的将来而牺牲现在，为了替孩子准备永远享受不到的所谓幸福，现在就给孩子各种束缚，让他们处在那么可怜的境地。卢梭责问家长们：童年的岁月稍纵即逝，你们自己回忆起来也十分依恋，为什么不让你们的孩子享受那短暂的时光，反而使它充满悲伤和痛苦？在卢梭的时代，儿童死亡率很高，所以他接着警告说：谁知道死神什么时候会夺去你们的孩子，你们不要使他没有尝到生命的快乐就死了，那将后悔莫及。

把孩子当孩子，还要懂得孩子的特点，把孩子作为孩子来培养。现在的教育家们讨论的只是成人应该知道什么，全然不问儿童能够学习什么。儿童是有他们特有的看法、想法和感情的，如果把我们的看法、想法和感情强加给他们，那实在是最愚蠢的事情。大自然希望儿童在成人以前要像儿童的样子，如果打乱了这个次序，我们就会造成一些早熟的果实，它们长得既不丰满也不甜美，而且很快就会腐烂。我们急于把孩子教育成大人，不断地骂他、夸他、对他讲道理，结果造就出了一些年纪轻轻的博士和老态龙钟的儿童。

3. 不要爱惜时间，要"浪费"时间

我们总是听见家长们训斥孩子说，要抓紧时间努力学习，在卢梭的时代想必也有许多这样的家长，所以他说："我是否可以把最重要和最有用的教育原则大胆地提出来呢？这个原则就是——不但不要爱惜时间，而且要浪费时间。"他为他的惊世骇俗之论辩护说："误用光阴比虚掷光阴损失更大，教育错了的儿童比未受教育的儿童离智慧更远。"你说你怕孩子虚度了年华，卢梭却问你：什么叫虚度？快乐不算什么吗？整日跑跳玩耍不算什么吗？他一生再也不会这样忙碌了。"快乐的儿童享受了时间而不做时间的奴隶，不懂得时间的价值却最好地利用了时间。"

卢梭说，正是在快乐的玩耍中，孩子锻炼了他的身体、他的器官、他的体力和他的感觉，只要他玩得高兴而不出什么毛病，就让他玩好了。你认为儿童的动作好像没有什么目的，其实是智力发展的积极原因。同时，要尽可能让他的心闲着不用，能闲多久就闲多久。他目前在学习上能否取得进步，是无关紧要的。相反，如果非要他学这个学那个，就会使他感到束缚、愤恨和烦恼，挫伤了内在生长的力量。

4. 不要对孩子讲大道理

在教育孩子时，家长和老师都喜欢对孩子讲大道理。卢梭认为这是最坏的方式，他反复强调，绝对不要对孩子讲一番他们听不懂的话，不要对他们进行任何种类的口头教训。在任何事情上，教育的方式都应该是行动多于口训，让他们从经验中取得教训。

大人们对孩子讲大道理，卢梭举出了两种情形。一种是为了让孩子赞成他不喜欢的事情，因为经常在不愉快的事情中谈论道理，就只会使他觉得道理是令人讨厌的东西，使他还不能明白道理的心灵从小就对道理表示怀疑。另一种是让孩子去注意与他毫无关系的问题，比如现在好好学习，长大了会得到什么利益，别人会对他多么尊敬，这些话对于根本没到考虑未来的这个年龄的孩子来说，是丝毫没有意义的。事实上，在今天，这两种情形也是最为常见的。

对孩子讲他根本听不懂的话，在他的头脑里填塞一些他无法理解的词，不但无用，而且极其有害。他没有接受你讲的道理，却学会了你讲大道理的方式，养成了种种坏习惯，比如凡事爱争辩，喜欢玩弄字眼，自以为高明，等等。

这里涉及卢梭和洛克的一个重大分歧。他说，用理性去教育孩子，这是洛克提出的一个重要原理，这个原理在今天是最时髦不过的了，但并不可靠。他的发现是，再没有比受过许多理性教育的孩子更傻的了。单凭理性，有时候可以约束一个人，但很少能够鼓励人，它不能培养任何伟大的心灵。事事讲一番道理，是心胸狭窄的人的一种癖好。按照自然生长的次序，在人的一切官能中，理性是由其他各种官能综合而成的，因此最难于发展，也发展得迟。在其他官能尚未发展好的年龄，偏偏要用理性去发展其他官能，无疑是缘木求鱼，把结果当作了手段。

5. 教育的目的是生活和做人

教育就是生长，生长得好不好，最后就看生活得好不好，做人好不好。教育的目的，唯在生活和做人。"生活，这就是我要教他的技能。从我的门下出去，他不是文官，不是武人，不是僧侣，他首先是人。"他懂得怎样做人，无论在什么境况中，不论对谁，他都能尽到做人的本分。一个人能够自己争取幸福，承受苦难，他就是一个受了良好教育的人。"他必须像农民那样劳动，像哲学家那样思考，才不至于像蒙昧人那样无所事事地过日子。教育的最大秘诀是：使身体锻炼和思想锻炼互相调剂。"现在的教育，只教知识，不教如何生活和做人，当这个满腹学问但身心都脆弱的学生投入社会的时候，就会暴露他的愚昧、傲慢和种种恶习，于是大家对人类的苦痛和邪恶感到悲哀。卢梭说："你们搞错了，这个人是照我们奇异的想法培养起来的，自然的人不是这个样子的。"

教育的目的是生活和做人，不是身份、地位和职业。"凡是人所制造的东西，人就能够把它毁掉；只有大自然刻画的特征才是不可磨灭的，然而大自然是从来不制造什么国王、富翁和贵族的。"你培养一个人适应某一种社会地位，就使他对其余的一切地位无法适应了。如果命运同你开玩笑，则你除了使他变成一个很可怜的人以外，是得不到别的结果的。一个贵族已经变成了乞丐，穷困潦倒之中还在夸自己的出身，这岂不可笑之至？相反，如果你培养出来的人能够不靠身份生活，在地位发生变化的时候仍然泰然自若，他就从贵族的地位上升到了只有极少数人才能取得的地位。

教育是培养人，这就对教育者提出了很高的要求。卢梭说，要担当培养人的工作，你必须先把自己造就成一个人，成为值得学习的榜样。

二、幼儿的教育

在《爱弥儿》前两卷中，卢梭对幼儿教育有许多精彩的见解，这些见解从一个未曾亲自养育过幼儿的人口中说出，真是令人惊奇。他悟性再好，倘若不经过仔细观察，有些见解是绝对说不出来的。当然，观察的机会总是会有的，他是一个有心人，而他的思考使他足以成为天下父母的导师。

卢梭强调，最初的教育是最重要的，因此父母一定要亲自承担教育的责任。母亲的责任尤其重大，怀胎和哺育孩子的是母亲，这是造物主的安排。但父亲也不可置身事外，不可借口贫困、工作繁忙或身份高贵而免除亲自教养孩子的责任。

关于幼儿的教育，卢梭讲了许多，我归纳出两个原则：一是顺应自然的次序，二是有节制的自由。

1. 顺应自然的次序

我自己的经验告诉我，孩子各种能力的发展，主要的工作是大自然做的，它在孩子的身体里已经安置了这个发展的程序，父母所要做的工作只是加以配合。卢梭的看法也是如此，主张让孩子顺着自然的次序逐步生长。他观察到，在最初的时候，幼儿差不多是同时开始学说话、学吃东西和学走路的，这和我的观察相符，年龄在一周岁上下。这些能力的发展，是水到渠成的事情，用不着大人刻意去教。比如走路，卢梭说，我们费了许多气力教孩子走路，好像有谁由于保姆的疏忽，到长大了仍不会走路似的，还有比这样教孩子更愚蠢的事吗？他接着讽刺说，有多少人正因为我们教坏了走路的样子，一生走路都走不好。

孩子开始言说，也不是大人刻意教出来的。卢梭说，我们的语言都是人工制品，各民族都不同，然而，有一种人类共通的自然语言，那就是孩子在学说话以前所用的语言。这种语言不是音节清晰的词，而是伴随着一些似乎无意义的词的声调，孩子和大人之间凭借它们完全可以互相交流和理解。我们因为使用了人工语言，就把这种自然语言完全忘记了。卢梭说得太对了，我的孩子一岁上下的时候，我就经常和孩子互相说一些无意义但声调抑扬的话语，交流得快乐极了，每次说完两人都大笑。卢梭还指出，幼儿的语言是有适合于他们年龄的语法的，其造句规则比我们的规则更简约。我的观察可以为此提供许多实例。我写的《宝贝，宝贝》和《叩叩》两本书，分别记录了我的女儿和儿子的童年时光，对幼儿语言的观察和研究是其中的重要篇章，我相信倘若卢梭读到了，一定会喜欢的。

幼儿是好动的，有些大人总是加以训斥和制止，要让孩子乖一点儿，你们听听卢梭是怎么说的。孩子什么东西都想去摸一摸，什么东西都想去弄一弄，他这样地动个不停，是他日益增强的身体所必需的，并且使他获得十分需要的学习，你绝不要去妨碍他。你只需提防他做他力所不能的事情，注意到不让他有受伤的危险，就应该让他的身体和四肢绝对自由。孩子的活力极其旺盛，正在向外扩张，不管他是在制作什么东西还是在破坏什么东西，都是想要改变事物的现状。如果说他破坏多于制作，原因也不在于顽劣，而是由于制作总是迟缓的，破坏则可以立即见效，更适合于他的活泼的性情，所以你不要大惊小怪。

幼儿在智力发展过程中会有精彩的表现，活泼天真，说话俏皮，妙语连珠。这些现象正是他那个年龄的特点，你可以欣赏，但不要把它们当作特异的表征，以为自己的孩子是神童。在他那个年龄，没有哪一种财产真正是属于他的。在他的头脑中，观念是不连贯和不确定的。有的时候，你发现他思想灵活，宛如一股喷泉，就说他是一个天才。还有的时候，你看见他十分迟钝，好像被浓烟笼罩，就说他是一个傻瓜。这两种说法都不对。他是一个孩子，他是一只幼鹰，时而飞入云霄，过一会儿又要回到窠巢的。所以，不管他的表现如何，都应该按照他的年龄来看他。

要弄清孩子的真正的禀赋是什么，第一需要等待，第二需要观察。等待，就是不要急于做判断，让特异的征象经过一再地显示和确实证明之后，才对它们采取特殊的方法。让大自然先教导很长的时期之后，你才去接替它的工作，以免在教法上同它相冲突。观察，是幼儿教育中最重要也最困难的本领，卢梭说，他希望有人写一篇论文把观察孩子的方法讲清楚，这个方法是不能不知道的，而现在做父母的和做老师的连这个方法的基本要点还不知道呢。我要补充说，许多大人甚至压根儿就没有想到要去观察孩子，就自以为很了解孩子了，其实是把一些人云亦云的成见硬套在自己的孩子身上。

2. 有节制的自由

卢梭认为，在儿童教育中，最能取得成效的方法是有节制的自由。自由，就是顺应自然的次序，让自然所产生的需要得到满足，让自然所赋予的能力得到生长，皆不可人为地加以阻碍。节制，就是要限制那些背离自然需要的欲望，并且让孩子学会按照自己的能力来调节自己的欲望。所以，给孩子立规矩是必要的。"应该让孩子具有的唯一的习惯，就是不要染上任何坏习惯。"有节制的自由，重点就是不让孩子染上坏习惯。最要注意防止的坏习惯有三个，就是柔弱、任性、专横，它们是不当教育的产物，并且彼此紧密联系，往往一齐出现在同一个孩子身上。

第一，柔弱。孩子爱哭闹，这不是大自然的作品，而是大人娇惯的结果。一听见孩子哭，你就去爱抚，所以使他更爱哭了。你今天使孩子不哭了，却使他明天哭得更凶。唯一能够纠正或防止这个坏习惯的办法，就是任他怎样哭，你也不去理他。谁也不喜欢做白费气力的事情，孩子同样如此。如果孩子摔倒了，受了一点儿轻伤，你不要惊惶地急忙走到他的身边，反而应该安静地站在那里，至少也要挨些时候才走过去。伤痛已经发生了，他就必须忍受；你急急忙忙的样子，反而使他更加害怕，更加觉得疼痛。受伤使人感到的痛苦，并不是所受的伤，而是恐惧的心情。你表现得镇静，就使他免除了恐惧的痛苦。在他这个年龄，最应该学习的是勇敢和坚强，今天能够忍受小的痛苦，明天才能够忍受大的痛苦。柔弱是很不好的品质，柔弱者卑怯，容易做大坏事。

第二，任性。让你的孩子受折磨的最可靠方法是什么？就是他想要什么，你就给他什么，这使得他的欲望无止境地增加。起初，他想要你的手杖，转眼之间，他又想要你的手表，接着，他又想要空中的飞鸟、天上的星星。他看见什么就要什么，除非你是上帝，否则你怎么能满足他的欲望呢？结果，终有一天，你不得不因为力量不足而拒绝，而他从来没有遭到过拒绝，突然碰了这个钉子，会比得不到所要的东西更感到痛苦。孩子想要什么，如果是合理的，就应当马上给他，不要动辄拒绝；如果是不合理的，一经拒绝就不要改变，无论他怎样纠缠，也不可动摇。孩子如果发现纠缠可以达到目的，就会养成纠缠的习惯，变得更加讨人嫌。孩子打坏了家具，你不要忙着买新的，就让他感觉到没有家具的不方便。他打破了他房间的窗子，你就让他昼夜都受风吹，宁可让他感冒，不可让他发疯。绝不要埋怨他给你造成的麻烦，但要让他头一个感觉到这些麻烦。

第三，专横。凡是孩子自己能够做的事，就要让他自己动手做，而不是指使别人替他做。从很小的时候就要这样，他还不会走路，想得到他看见的或别人准备给他的东西，最好是把他抱到他想得到的东西那里，而不要把东西拿过来给他。否则的话，他很快会感觉到，用别人的手去干活，只消动一动嘴就可以移动万物，是多么舒服。一定不能让他养成好命令人的习惯，因为他不是谁的主人，别人也不是他的工具。一旦他把周围的人都看作工具，就会变得专横。长大了他带着这种专横的习性走上社会，就有得苦吃了。有那么多无情的障碍在阻挡他，有那么多轻蔑的眼光在藐视他，于是就变得十分懦弱和畏缩，他以前把自己看得多高贵，现在就把自己看得多卑贱。你为了不让他受大自然给他安排的一点儿痛苦，结果反而给他制造了大自然本来要他避免的许多灾难。

三、智力教育

按照自然教育的原理，智力教育就是要让自然所赋予的理性能力得到良好生长。在卢梭的相关论述中，我只讲几个比较有特色的论点。

第一，鼓励好奇心。当理性能力开始觉醒的时候，孩子会表现出强烈的好奇心，自发提出许多问题。这时候，你不要急于满足他的好奇心，而应该看怎样能引起他的好奇心就怎样回答。你可以继续提出一些他能理解的问题，启发他自己去寻找答案。你不要把话讲完，你把话讲完了，孩子就没有兴趣再听你讲了。重要的是，要让他不是由于你的回答，而是由于他自己的理解发现了那些道理。你一旦在他心中用权威代替了理智，他就不再运用他的理智了，他将为别人的见解所左右。

卢梭强调，好奇心应该是出于自然的。人生来有谋求幸福的欲望，为了满足这种欲望，就会对一切与自己息息相关的事物有一种自然的求知欲，这是好奇心的第一本原。假定有一个科学家带着他的仪器和图书流落到了一个孤岛上，不再能够回到陆地，那他是不会再去研究什么天体说、引力法则和微积分的，但一定克制不住要把全岛考察一番。所以，对于儿童的好奇心，也要注意区别是否出于自然。你还要注意孩子发问的动机，有时候，他不是为了求知，而是问你一大堆没头没脑的问题，来找你的麻烦，你就应该马上停止回答。

，不在于教各种学问，而在于培养爱好学问的兴
，就要培养专注力，逐渐养成持久地专注于所感
当兴趣充分增长起来的时候，则教以研究学问的

能力。好的智力品质不在于有许多知识，而在于
新能力的好坏，取决于头脑中的观念是否正确和
不同的东西，语词如果没有所代表的观念就是毫
给孩子一些语词，如果他毫无相关的直接经验，
。你给他看地图，教他五大洲的地理，告诉他
的名称，他会认为这一切只存在于一张纸上。
里，只是在孩子们的头脑里填塞一些他们无法
教孩子学的第一个词、第一个句子，是他根本
开始丧失判断能力了。因此，要尽量限制孩子
们的词汇多于他们的观念，不要让他们会讲的
西。不要讲究修辞，不要滔滔雄辩，不要咬文
的时候，硬要叫他们练习口才，当他们没有什
候，硬要他们坐在教室的板凳上感受豪迈语句
处，这是多么荒唐。"汉尼拔为了坚定部下越过
怎样修饰其词句的，一个小学生不知道这个，

又有什么关系呢？相反，你不如教他用什么说法才能说得校长放他一天假，我担保他会很专心听你讲措辞的方法的。"

教育即生长，生长就是目的，在生长之外别无目的。

周国平

第三，警惕书本。卢梭读书不多，他承认："我对书是很憎恨的，因为它只能教我们谈论我们实际上不知道的东西。"所以，他让爱弥儿在乡下成长，远离书本。在十二岁之前，爱弥儿基本上不读书，只有一本书是例外，就是《鲁滨孙漂流记》。卢梭认为，这是一本最精彩的自然教育的课本，教人如何用自然的方式维持生活。

人类的知识分为两个部分，一个部分是人所共有的，另一个部分是学者们特有的，后者与前者相比，就显得太渺小了。而且，在学者那里，知识越多就离真理越远，因为他们在判断上的自负比知识的增长快得多。学生最应该学会的一门艺术，是保持其无知的状态，不去涉猎学者们经营的知识，要从经验中而不是从书本中学习。处在还不能独立思考的年龄，读书少不过是无知，读书多却会接受许多虚假的观念，因而变得愚蠢。读书是孩子们在儿童时期遭遇的灾难，让孩子们摆脱各种功课，决不要让他们背诵什么课文，这样就消除了使他们最感痛苦的原因。强迫还不喜欢读书的孩子读书，只会使他们产生厌恶的心情，从此觉得读书是一件可怕的事情，走出学校以后就永远不再读书。

四、道德教育

在卢梭看来，道德的本原是情感，因此，道德教育实质上是情感教育。最早的道德教育来自父母。"家庭生活的乐趣是抵抗坏风气的毒害的最好良剂。"孩子在一个充满爱和快乐的家庭环境里生长起来，他在品德上往往也会好。如果父母之间感情冷漠，一家人在一起不再使人感到生活的甜蜜，不良的道德就会来填补这个空缺了。

身教胜于言教。所谓身教，绝不是要以完人的形象在孩子面前出现。要打动别人的心灵，你自己的行为就必须合乎人情，所谓完人是既不能感动别人也不能说服别人的。如果你想纠正你的学生的弱点，你就应当把你自己的弱点暴露给他看，就应当让他在你身上也发现他所体验到的斗争，他才会以你为榜样学会克制自己。只有在你成了他的知心人的时候，你才能真正做他的老师。

从言教来说，最重要的是真实和坦诚。切忌装模作样地对孩子们讲一套一本正经的大道理、空道理。卢梭说，现在向孩子们进行的道德教育差不多可以归纳成这样一套对话：老师说，不应该做那件事情；孩子问，为什么不应该做；老师答，因为那样做是很不好的。对于孩子提出的困惑，回答一定要慎重、简短和明确，不可以犹豫不决，不可以长篇大论，不可以转弯抹角。

孩子幼小的心灵里还没有善恶的观念，因此对他们的行为不能轻易做道德评判。最初几年的教育应当纯粹是消极的，它不在于教学生以道德和真理，而在于防止他的心沾染罪恶，防止他的思想产生谬见。不但对于孩子，而且对于一切年龄的人，最重要的道德教育只有一条，就是绝不可以损害别人。如果不以此为前提，教人做好事就是虚伪的和有害的。谁不会做一点儿好事呢？坏人也做好事，他做了一件好事，成百的人就要遭殃，我们的种种灾祸就是从这里产生的。最高尚的道德是消极的，同时也是最难于实践的，因为这种道德不是为了做给人看的。

孩子撒谎往往是老师造成的。谎言有两种。一种是就过去的经历撒谎，否认所做过的事情，或者硬说做了实则没有做过的事情。另一种是就将来承担的义务撒谎，许出一些并不打算加以遵守的诺言，表示一种与真实意图相反的意图。你用一些空洞的格言和不合理的清规约束孩子的心灵，他遵守不了，就只好撒谎。是你的错误教育使他失去了天真和诚实。

一个人在儿童期能够保持天真和诚实，到了青春期，他就会是一个慷慨善良的人，他爱别人，也值得别人爱。

教育何为?

——尼采《论我们教育机构的未来》导读

尼采二十四岁被聘为巴塞尔大学教授,二十七岁时向学生做了五次系列演讲,题目为《论我们教育机构的未来》,去世以后被整理出版。在后来的著作中,尼采也有不少涉及教育的言论,但这部青年之作是他唯一谈教育的专著。本书的特点是,既饱含着一个教育亲历者的切身感受,又贯穿着一个哲学家的成熟思考。我们会发现,即使针对今日中国的教育,我们仍能产生同感并得到启发。

一、教育中的两种错误倾向

在全书的开头部分,尼采指出,有两种主要倾向支配着德国教育机构的现状,第一种是尽量扩大和普及教育的冲动,第二种是缩小和削弱教育本身内涵的冲动。它们表面上相反,但都具腐蚀作用,从它们的结果看终于合流。全书对德国教育机构现状的批判,正是围绕着这两种倾向进行的。

其实，这两种倾向是一回事，在外延上扩大教育，就必定在内涵上缩小教育，前者是后者的表现，后者是前者的实质。不过，在具体论述时，尼采有所侧重。关于扩大教育的倾向，主要谈教育的普及化，使教育沦为谋生的手段。关于缩小教育的倾向，主要谈教育的学术化和政治化，使教育沦为学术分工的工厂和国家利益的工具。

总之，现代教育违背了教育的本义，越来越被功利所支配，而这正是时代的浮躁侵入教育领域的恶果，也是大多数受教育者不得不陷入时代的浮躁的根源。

1. 扩大教育的倾向：教育沦为谋生的手段

对于扩大和普及教育的倾向，尼采是这样描述的："普及教育是最受欢迎的现代国民经济教条之一。尽量多的知识和教育——导致尽量多的生产和消费——导致尽量多的幸福：这差不多成了一个响亮的公式。在这里，利益——更确切地说，收入，尽量多赚钱——成了教育的目的和目标。"按照这一倾向，任何一种教育，如果其目标超越于金钱和收益，耗时太多，就是可恨的。相反，所要求的是一种速成教育，以求能够快速造就一个挣钱的生物，以及一种所谓的深造教育，以求能够造就一个挣许多钱的生物。

人为了谋生必须学习相关的技能，这本身无可否认也无可非议，尼采反对的是把它和教育混为一谈，用职业培训取代和排挤了本来意义上的教育。他再三强调："你们不要混淆两类事情。为了生存，为了进行生存斗争，人必须多多学习；可是，他作为个体为这个目的所学所做的一切仍与教育毫不相干。相反，唯有在一个超越于这个窘迫、必需、生存斗争世界的大气层里，教育才开始。"真正的教育是一个纤足的仙女，而这种以谋生为目标的所谓教育只是"一个可供使唤的丫鬟""一个有智识的女仆，生计、收益、需求方面的女管家"。"任何一种学校教育，只要在其历程的终点把一个职位或一种谋生方式树为前景，就绝不是真正的教育"，而只是一份指导人们进行生存斗争的"说明书"，相关的机构则是一些"对付生计的机构"，绝不是真正的教育机构。他总结说："从我这方面讲，我只知道一种真正的对立，教育机构与生计机构的对立。"

尼采并不反对生计机构，但要求严格区分教育机构与生计机构。德国学校长期实行双轨制，这种区分一向是有的。他心目中的教育机构，文科中学是典范，着重古典人文教育，学生毕业后可升入大学深造。相反，实科中学则是他所认为的生计机构，着重职业培训，学生没有大学入学资格。使他担忧和痛心的是，文科中学正在向实科中学看齐，二者的区别正在趋于消失。

双轨制的取消也许是教育民主化进程的必然，这不是问题的关键之所在。尼采提出的根本问题是：教育有无超出职业培训之上的更高使命？仅以职业培训为目标的教育还是不是真正的教育？在教育日趋功利化的今天，这个问题更加尖锐地摆在了人们面前。

2. 缩小教育的倾向之一：教育沦为学术分工的工厂

尼采把日益细化的学术分工视为缩小教育内涵的倾向的重要表现，对之进行了深刻分析。他指出："如今学术的范围已经扩展得如此之大，一个资质虽非超常但良好的人，倘若他想在学术上有所作为，就必须潜心于某一个专业领域，对其余领域只好不闻不问。如果他在他那个领域算得上是鹤立鸡群，在所有别的领域——这意味着在一切主要事情上——他却属于鸡群。所以，某一专业的一个精英学者很像工厂里这样一个工人，他终其一生无非是做一个特定的螺丝钉或手柄，隶属于一种特定的工具或一台机器，在这一点上他当然能练就令人难以置信的精湛技艺。"

教育本应使受教育者成为真正有教养的人，而学术分工只是培养出了片面的人。在过去若干世纪里，在人们的概念中，学者就是有教养的人，现在出现这种名副其实的学者越来越偶然，甚至越来越不可能了。有两种完全不同的博学。过去的学者有自己的真兴趣，能够出于自己的爱好阅读他的柏拉图，他的塔西佗，他的博学是一种指向最高贵目标的教育的自然而然、不求而得的副产品。现在的很多学者却是一些小家子气的梵文学者、语源学癖、考证狂，他的博学像是一个不健康的躯体的畸形发胖。

3. 缩小教育的倾向之二：教育沦为国家利益的工具

缩小教育内涵的倾向的另一个表现是国家对于教育的控制及其强化。尼采指出："普鲁士是最强大的现代国家，正是它如此严格地执掌着教育和学校的最高领导权。"事实确是如此。在欧洲，德国是率先把学校的管理权从教会转到政府手中的国家，这个过程到19世纪初已基本完成。普鲁士和其他各邦相继设立了专门的教育管理机构，掌控各级学校事务的最终决定权。在基础教育阶段，国家实施强迫性义务教育。对于从事精英教育的文科中学和大学，国家主要通过向毕业生提供在政府和军队就职的前途，借此把这类学校纳入为国家利益服务的轨道。

关于后者，尼采感触尤深。在他看来，文科中学数量激增，其培养目标却日渐功利化，发生这种情况，完全是国家政策引导的结果。国家把政府的所有高级职位和绝大部分低级职位，大学的授课资格，以及当时影响最大的军职优待，都带入与文科中学的必然联系之中。于是，"文科中学主要被看作某种晋升之阶"，那些天赋优良的青年不由自主地被引到了从政的方向上。

大学的情况并没有更好。对于人们津津乐道的德国大学里的自由，他尖锐地指出，在表面的教学自由和选课自由的背后，国家板着一张监护人的面孔站在那里，对这一套教学程序的目标和内容进行监控。只要国家掌握着对大学的监护权，所谓"大学的自由"就只是一个假象，国家对教育的控制必然导致教育的变质。

二、两种倾向在新闻界合流

在揭露教育中两种错误倾向的同时，尼采还敏锐地揭露了两种倾向的合流——教育的新闻化，使教育沦为媒体的附庸。在尼采的时代，媒体不过是数量有限的新闻报刊而已，怎能和今天这个电视和网络时代相比。对于媒体处于空前强势地位的今天来说，尼采的超前性认识尤其值得我们注意。

新闻业有两大特点。第一是当下性，着眼于信息的快和新，因此尼采把记者称作"为当下服务的仆役"。第二是业余性，话题无所不包，但皆浅尝辄止，因此尼采把新闻界称作一个寄居在各学科之间的"起黏合作用的中介阶层"。随着新闻业的发展及其对文化影响的扩大，文化也许不可避免地会发生浅薄化的趋势。可是，倘若教育能坚守阵地，文化就仍有其牢固的传统和核心。然而，问题正出在这里。现代教育培养出来的是在学术的某个小角落里讨生活的片面的学者，他们在一切普遍性问题上不再有发言权，于是新闻界乘虚而入，担当起了在普遍性问题上发言的使命。

一方面是人文教育传统的断裂，另一方面是大众传播媒介的兴起，此消彼长，造成的结果就是"日报直接取代了教育""记者取代了伟大的天才"。受众的庞大和内容的浅薄，媒体的这两个特点正应和了现代教育在受众上的扩大和在内涵上的缩小，于是，两种倾向在新闻界合流，"现代教育特有的意图在日报身上得到了最充分的体现"。

三、真正的教育之内涵

那么，真正的教育应该具有怎样的内涵呢？尼采认为，可以用三把尺子来衡量大学教育，至少对于人文学科的学生来说，共同的要求是具备哲学的悟性、正确的艺术感觉和古典人文的修养。

对于一个敏感的青年来说，生活无处不引起哲学性的惊疑，对哲学的需要乃是自然产生的最高需要。然而，现代教育却致力于让青年们崇拜所谓"自明之理"，使这种需要瘫痪和萎缩。在哲学课上，对历史细节的兴趣取代了对永恒问题的哲学思考，对自然的技术态度取代了对万物统一性的领悟，总之，历史考证和技术态度扼杀了形而上学的沉思。尤其令尼采愤怒的是，国家成了学生应当接受何种哲学的评判者，黑格尔哲学被宣布为正统的官方哲学。因此，不复有真正的哲学教育，哲学实际上已经被革出了大学之门。

正确的艺术感觉来自严格的艺术训练，而这种训练从文科中学阶段开始就是缺失的。以语言艺术的训练为例，尼采极其重视母语训练——也就是中学里的语文课——在人文教育中的地位，认为母语是"真正的教育由之开始的最重要、最直接的对象"，良好的母语训练是"一切后续教育工作"的"自然的、丰产的土壤"。教师应当使学生从少年时代起就严肃地对待母语，"对语言感到敬畏"，最好还"对语言产生高贵的热情"。如何进行语言训练？不外乎阅读和写作。教师第一要指导学生认真阅读母语经典作家的作品，必须一行一行指给学生看，经典作家是如何谨慎严格地对待每一个词的用法的。第二要进行严格的写作训练，不断鞭策学生对同一思想寻求更好的表达。经过这些训练，学生就会获得正确的艺术感觉、明确的良好趣味、真正的审美判断力。可是，现状却是阅读僵化刻板、写作放任自流，都不把语言当作一门艺术。

古希腊罗马是欧洲人文精神的源头，在尼采看来，在这个源头上，人文精神的实质就在于，哲学和艺术本身就是人生的最高需要，就是生活方式。然而，现在在学校里讲授古希腊罗马文化的教师们自己没有哲学、没有艺术地生活着，他们怎么可能领悟古典人文精神呢？尼采用轻蔑的口吻谈论年轻一代的古典语文学者，说古典语文给他们提供的只是一份舒服的职业，而古典文化则成了他们牵强附会的学术把戏的对象。令人沮丧的事实是，大学在所谓古典教育上所做的事情就是培养出一代代这样的古典语文学者，然后又让他们去教文科中学学生做好同样的古典语文学准备，如此循环，使得真正的古典教育在教育机构中几乎不复存在。

四、教育的可悲现状

尼采对德国教育机构的现状深感悲哀，渴望改变，但显然信心不足。一个要命的障碍是教师的素质太差。按照他的看法，在19世纪晚期，经由伟大的语文学家沃尔夫的倡导，人文教育曾被严肃地当作文科中学的目标，可是"恰恰最重要的事情却没有做成，即用这种新精神为教师自身洗礼"，从而使当年的成果得而复失，文科教育很快就回到学术至上的旧轨道上去了。

随着教育规模的扩大，教师素质的问题愈益突出。有太多不够资格的人进入了教育机构，靠了占优势的人数，凭借物以类聚的本能，他们决定了这些机构的精神实质。在这样的机构中，真正适合当教师的极少数优秀者则必然地被边缘化。这种情况也是与学生数量的泛滥直接相关的。"最优秀的人，一般来说用较高标准衡量无愧于教师这个光荣称号的人，在文科中学的目前状态下，现在也许是最不适合于教育这些未经挑选、胡乱集合起来的青年的；而绝大多数教师在这些机构里却如鱼得水，因为他们的禀赋与他们学生的胸无大志、精神贫乏处于某种协调的关系之中。"

学生的境况更加可怜。在学校里，"无人能够抗拒那个使人疲惫、糊涂、神经紧张、永无喘息之机的强迫性教育"。走出大学校门，等待着他们的是纠结和失败的人生。尼采生动地描绘了这种纠结和失败：走上被任用和雇用的实际岗位之后，他们感到无能力引导自己、帮助自己，于是绝望地沉浸到日常生活和劳作的世界里面；在悲凉而无可慰藉的心情中，他们看见自己的计划成为泡影，他们的状况令人厌恶，毫无价值，只是繁重的事务和忧伤的疲惫的交替；他们茫然失措，受尽怀疑、振奋、生计、希望、沮丧的捉弄；最后他们放弃斗争，开始蔑视自己，准备好去追求任何实际的乃至低级的利益。

出路何在？尼采寄希望于他心目中的"真正的德国精神"之复兴，借之才能使德国的教育机构得以新生，为此他呼唤和寻觅志同道合之士。他指出，面对现状，天赋优良的人可以有两种选择。"走其中的一条路，你们会受到时代的欢迎，它对你们不会吝惜花环和勋章，那些强势党派将为你们撑腰，你们的前后左右将站满同党。领队振臂高呼口号，整个队伍一齐响应。在这里，第一义务是在队列中战斗，第二义务是消灭不肯站在队列里的任何人。另一条路却使你们旅伴稀少，它艰难、曲折、崎岖，看你们在那里疲惫跋涉，走在第一条路上的人们会讥笑你们，还会试图引诱你们投奔他们。"后一条路就是为真正的教育而努力工作。选择走哪一条路，起决定作用的不是天赋的程度，因为许多天赋优良的人也受到了前一条路的诱惑，而是"一种崇高精神品质的高度和程度""英雄气概和甘愿牺牲的本能"，以及内心中"对于真正教育的需要"。

我们不知道尼采的呼唤是否得到了少许的回应，我们只知道，在他发出呼唤之后，不但德国而且全世界的教育机构都在功利化的路上走得更远了。就此而论，面对当时初露端倪的现代文化和现代教育之趋势，尼采既是一位预言家，又是一个堂吉诃德。

2011年12月

第六辑

阅读与成长

青春期的阅读真正具有恋爱的性质，

那样纯洁而痴迷。

青春期的阅读

青春期是人生最美妙的时期，恋爱是青春期最美妙的事情。我说的恋爱是广义的，不只是对异性的憧憬和眷恋，更未必是某个男生与某个女生之间的卿卿我我。荷尔蒙所酿造的心酒是那么浓郁，醉意常在，万物飘香。随着春心萌动，少男少女对世界和人生都是一种恋爱的心情，眼中的一切都闪烁着诱人的光芒。在这样的心情中，一个人倘若有幸发现了一个书的世界，就有了青春期最美妙的恋爱——青春期的阅读。

回想起来，我的青春期的最重大事件是对书的迷恋，这使我终身受益。从中学开始，我的课余时间都是在阅览室里度过的，看的多半是课外书。阅览室的墙上贴着高尔基的语录："我扑在书本上，就像饥饿的人扑在面包上一样。"当时真是觉得，这句话无比贴切地表达了我的心情。现在想，觉得不够贴切了，因为它只表达了读书的饥渴感，没有表达出那种如痴如醉的精神上的幸福感。

青春期的阅读真正具有恋爱的性质，那样纯洁而痴迷。书的世界里，一本本尚未翻开的书，犹如一张张陌生女郎的谜样面影，引人遐想，招人赏析。每翻开一本新书，心中期待的是一次新的奇遇，一场新的销魂。人的一生中，以后再不会有如此纯洁而痴迷的阅读了，成年人的阅读几乎不可避免地被功利、事务、疲劳损害。但是，一个人在青春期是否有过这种充满激情的阅读经验，这一点至关重要，其深远的影响必定会在后来的人生中显示出来。青春期是精神生长的关键期，也是养成阅读习惯的关键期，二者之间有着内在的联系。通过青春期的阅读，一个人真正发现的是人类的一个丰富多彩的精神生活世界，品尝到了在这个世界里漫游的快乐。从此以后，这个世界在他的人生地图上就有了牢不可破的位置，会不断地向他发出召唤。相反，有些人在学生时代只把力气用在功课和考试上，毫无自主阅读的兴趣，那结果是什么，你们看一看那些走出校门后不再读书的人就知道了。

学习是一辈子的事情。事实上，在我迄今所读的书中，当学生时读的只占很小一部分，绝大部分是在走出校门后读的。我相信，其他爱读书的人一定也是如此。我还相信，他们基本上也是在年少时代为一辈子的读书打下了基础。这个基础，一是产生了强烈而持久的阅读兴趣，二是形成了自己的阅读眼光和品位。

看一个学生的心智素质好不好，我就看他是否具备了两种能力，一是快乐学习的能力，二是自主学习的能力。简言之，就是喜欢学习和善于自学。这样的能力，一方面诚然也可以体现在功课上，比如探索出一套有效的方法，能够比较轻松地对付考试。但是，另一方面，我认为更重要的是体现在课外阅读上，课外阅读是学生个性和禀赋自由发展的主要空间，素质优秀的学生一定不会舍弃这个空间的。我由此得出了一个衡量学生素质的简明尺度，就是看课外阅读在他的全部学习中所占的比重有多大。我坚信，一个爱读书、会读书的学生，即使功课稍差，他将来的作为定能超过那种功课全优但毫无自主阅读兴趣的学生。同样，衡量一所学校的教育水准，我也要看是否有浓厚的阅读风气，爱读书、会读书的学生占的比重有多大。如果只是会考试，升名校比例高，为此搭进了学生们的全部时间和精力，那不能算是好学校，一个恰当的名称叫应试能校。

2011年7月

让百科全书走近我们的孩子

　　海南出版社历时十一年，完成了一个规模宏大的文化工程——出版了二十卷《世界百科全书》国际中文版。

　　中国的百科全书出版起步很晚，如果不算古代的类书和近代的辞书，也就二十多年的历史。1978年，我考上高考恢复后的第一届研究生，时任中国社会科学院研究生院党委书记的温济泽先生给我们做报告，历数中国社会科学的落后状况，举了一个典型的例子：两万人口的小国圣马力诺出版了几十卷的百科全书，要与我国交换，而我们只拿出了一本《新华字典》。在那以后，我们诚然出版了《中国大百科全书》，但是，我本人认为，我们在编写百科全书方面的能力还相当有限，一个明显的事实是，由于缺乏权威性、完整性、准确性和及时更新的时效性，学者中很少有人把已出的这套我们自己编写的百科全书当作可靠的工具书来使用。因此，最好的办法是先把世界上已有定评的权威性百科全书引进来。在这方面，我们仅翻译、出版了《简明不列颠百科全书》和《不列颠百科全书》，应该说仍存在着巨大空缺，全球销量最大的《世界百科全书》便是其中之一。现在，海南出版社填补了这个空缺，我认为是中国百科全书出版史上的一件大事。

《世界百科全书》的独特价值是举世公认的，《不列颠百科全书》列有专门条目进行介绍，称之为一部成功的少年百科全书。它的读者定位十分明确，主要针对中小学课程学习和课外阅读的需要而编写。我大致翻阅了一下，觉得它的确紧紧围绕着这个定位下功夫，具有以下鲜明特色：其一，在条目设计上，既顾及百科全书作为完整知识系统之本义，取材全面，涵盖各个学科的基本知识，又重点突出，着重帮助青少年了解世界，因此地理、历史、国际政治等内容占据了最多篇幅。其二，文字深入浅出，每一条目的叙述注意控制词汇量，力求让最可能查阅该条目的年龄段的读者都能读懂。其三，每个主要条目附有相关条目一览和思考题，便于深入学习。其四，便是众口交赞的大量精美插图和地图了。当然，除了上述特殊的优点之外，这部书还具备一部优秀而成熟的百科全书的共同优点，就是准确、权威、最新，通过逐年修订，使其内容既千锤百炼，又与时俱进。我注意到，书中对"9·11"恐怖袭击、本·拉登、塔利班等都列有专门条目，并做了恰当的陈述。可以说，这套书是青少年素质教育的良师益友。

《世界百科全书》是美国家庭的常备书，自1917年问世以来，伴随了好几代美国人的成长。当今美国的许多知名人物，包括比尔·盖茨、沃伦·巴菲特、克林顿等人，都曾谈到，他们是读着这套书长大的，是通过这套书发现他们的世界的。我期待这个良师益友也能够走进中国的许多家庭，走进中国中小学的许多教室，最好是每个教室里都放一套，让老师和学生随时可以查阅。我期待有一天，我们的许多成功人士也能够说，自己是读着百科全书长大的，是通过百科全书发现自己的世界的，而不是只有狭隘的民族观念和职业技能。不过，从目前的情况看，这个可能性很小，因为在这个良师益友和我们的学生之间还隔着一个巨大的障碍，就是今天的应试教育。为了应付考试，学生们不得不做大量作业，读许多垃圾教辅书，上名目繁多的垃圾补习班，哪里还有时间来翻阅百科全书。买一套百科全书诚然要花不少钱，可是，如果我们的家长们把替孩子买各种教辅书、报各种补习班的钱省下来，其实足够买这样一套书了，而这才是真正有益的教育投资。当然，为了让多数家长能够这样做，就必须改变我们今天的应试教育体制。所以，我估计，这一部好书的销售命运是与中国教育改革的命运紧密联系在一起的，在很大程度上将取决于中国能否尽早形成一个好的教育环境。

在百科全书的出版史上，出版商从来是重要的角色。最近读到一本有趣的书，书名叫《启蒙运动的生意》，是写18世纪法国启蒙运动时期《百科全书》的生产和传播过程的。其中谈到，在当年，哲学家的思想传播和出版商的商业运作之间有一种双赢的关系，此书一出，哲学家声名大振，出版商也赚了大钱。我祝愿海南出版社也有这样的好运气，既为中国孩子的素质教育做了贡献，又能够获得应有的经济效益。

2007年5月

孩子和大师之间的桥梁

——"哲学家讲的哲学故事"丛书中文版序

哲学是启迪人生智慧的学科。人的一生中，是否受到哲学的熏陶，智慧是否开启，结果大不一样。哲学在人生中的作用似乎看不见、摸不着，其实至大无比。有智慧的人，他的心是明白、欢欣、宁静的，没有智慧的人，他的心是糊涂、烦恼、躁动的。人生最值得追求的东西，一是优秀，二是幸福，而这二者都离不开智慧。所谓智慧，就是想明白人生的根本道理。唯有这样，才会懂得如何做人，从而成为人性意义上的真正优秀的人。也唯有这样，才能分辨人生中各种价值的主次，知道自己到底要什么，从而真正获得和感受到幸福。

哲学对于人生有这么大的意义，那么，我们怎样才能走近它、得到它呢？我一向认为，最可靠的办法就是直接阅读大哲学家的原著，最好的哲学都汇聚在大师们的作品中。不错，大师们观点各异，因此我们不可能从中得到一个标准答案，然而，这正是读原著的乐趣和收获之所在。一个人怎样才算是入了哲学的门？是在教科书中读到了一些教条和结论吗？当然不是。唯一的标准是看你是否学会了用自己的头脑去思考人生的根本问题，从而确立了自己的人生信念。那么，看一看哲学史上诸多伟大头脑在想一些什么重大问题，又是如何进行独立思考的，正可以给你最好的榜样和启示。

常常有父母问：让孩子在什么年龄接触哲学书籍最合适？我的回答是：顺其自然，早比晚好。顺其自然，就是不要勉强，孩子若没有兴趣，勉强只会导致其反感。早比晚好，则要靠正确的引导了，方法之一便是提供足以引发孩子兴趣的适宜读物。当然，孩子不可能直接去读原著，但是我相信，通过某种方式让他们了解那些最伟大的哲学家的基本思想，仍然是使他们对哲学真正有所领悟的必由之路。

正是基于这一想法，我乐于推荐黄山书社出版的"哲学家讲的哲学故事"丛书。这套丛书选择了东西方哲学史上五十位大哲学家，以各人的核心思想为主题，一人一册，用讲故事做诱饵，一步步把小读者们引到相关的主题中去。我的评价是，题材的选择颇具眼力，五十位哲学家几乎囊括了迄今为止对人类历史产生了最重要影响的精神导师。故事的编撰、故事与思想的衔接、思想的表述，大致都不错，水平当然有参差。我觉得最难能可贵的是，韩国的儿童教育学家和哲学家极其认真地做了这件事，在孩子和大师之间架了一座桥梁。对比之下，我们这个泱泱大国应该感到惭愧，但愿不久后我们也有原创的、高水平的类似书籍问世。

2010年2月

阅读经典与素质教育

中国正处在社会转型时期，前进中也暴露了诸多问题，显示了改革的艰难。分析所有这些问题，我们可以发现，在转型时期的中国，我们最缺少、最需要的东西，一是信仰，二是法制。事实已经证明，没有精神文化转型和社会秩序转型的配套，经济转型绝不可能孤立地成功。然而，要真正解决信仰和法治的问题，实依赖于国民素质的普遍提高。一个有信仰的民族，必由精神素质优良的个体组成。一个法制健全的社会，必由具备公民觉悟的成员建立和维护。因此，归根到底，中国的前途将取决于国民整体素质的提高。

所谓提高素质，就是要使我们身上那些人之为人的属性——这就是"素质"的含义——得到良好发展。人是凭借精神属性成其为人的。按照通常的划分，精神属性可分为智、情、德三个方面，亦即理性思维、情感体验、道德实践这三种精神能力。人类的这些精神能力在极其漫长的自然进化过程中形成了其生物学的基础，而后在相当漫长的文明演进过程中展现出来并得到发展。作为人类的一员，每一个个体的人通过种族的遗传即已具备这些精神能力的生物学基础，在此意义上，我们说它们是人性中固有的禀赋。然而，它们尚处于种子的状态，唯有在人类文化的环境中，种子才会发芽，潜在的禀赋才能生长为现实的能力。

文化环境不是物理学意义上的环境，对它的理解不能局限于当下的一时一地。几千年来，人类的精神探索形成了一个伟大的传统，这个传统既包容了又超越了一切时代和民族，对于人类每一个有心提高自己精神素质的成员来说，它都是最广阔也最深刻的文化环境。那么，我们到哪里去寻找这个传统呢？我的回答是：到经典著作中去，因为经典著作正是这个传统的最重要载体。把人们引领到经典著作的宝库里，让大家了解、熟悉、领悟存在于其中的传统，受其浸染，加入人类精神探索的伟大进程中去，在我看来，不可能有比这更有效的国民素质教育的途径了。

具体地说，与精神属性的三个方面相对应，国民素质教育也可分为智育、美育、德育三个方面，而在这三个方面，经典著作都是极好的教材。

智育的目标是培育自由、独立的头脑。在这方面，经典作家是最好的榜样。他们首先是伟大的自由思想者，不受成见束缚，勇于开拓前人未至的新领域，敢于挑战众人皆信的旧学说。尤其在社科领域，权力、利益、习俗、舆论往往具有巨大的势力，阻挠着对真理的追求和认识，而他们能够不为所动，坚定地听从理性的指引。从他们的著作中，我们学到的不只是一些社科知识，更是追求真理的勇气、智性生活的习惯和独立思考的能力。

美育的目标是培育美丽、丰富的心灵。在这方面，文学艺术作品诚然是基本的教育资源，但人文和社科经典著作也能给我们以美好的熏陶。我们会发现，凡大思想家绝不是单面人和书呆子，他们从事研究的领域不同，性格各异，但大多具有鲜明的个性和丰富的内心世界，对于人类情感每每有或博大精深或微妙细致的体验。这一点也体现在文风上，许多经典作家是表达的大师，读他们的作品，只要真正读进去了，你绝不会觉得枯燥，只会感到是一次愉快的精神旅行。

德育的目标是培育善良、高贵的灵魂。在这方面，经典作家尤能给我们良多启示。人文和社会科学的研究对象是人和社会，在这个领域中，起支配作用的不只是理性思考和实证观察，更是价值定向和理想愿景。每一位思想家都心怀引导人类向更好状态发展的愿望，一切思考最终都指向最基本的价值问题：怎样的人生是好的人生？怎样的社会是好的社会？虽然价值观正是最充满争议的领域，但是，通过阅读经典，自觉地思考这些问题，有助于我们确立自己的人生坐标，做一个有道德、有信仰的人。

我要特别强调，对于青少年来说，阅读经典是素质教育的最佳途径之一。毋庸讳言，应试教育已经成为全社会的病痛，不但学生和家长深受其苦，而且其恶果正在众多领域逐渐显现出来。有鉴于此，现在社会各界都在急切地呼唤素质教育。然而，要真正实现素质教育，就不能只做一些表面的功夫和枝节的文章，而必须正本清源，追问何为教育，使教育回归教育之所是。从根本上来说，教育即生长，其目的是使受教育者身上智、情、德的精神能力得到健康生长，成为人性意义上的优秀的人。所以，素质教育不是从外部向教育提出的一个要求，更不是今天才提出的一个新要求，而就是教育的本义。严格地说，只有素质教育才配称作教育。若不是着眼于素质，仅仅传授一些专业知识和职业技能，就只可叫作培训，不可妄称教育。若挂着教育之名而实际上对素质起了压制、扭曲、摧残的作用，就只能说是伪教育和反教育了。青少年时期是生长的旺盛期，也是一个人阅读趣味和精神品位形成的关键期，因此，若能从中学开始走近经典，阅读经典，乃至迷上经典，必将终身受益。

2009年3月

学校是读书的地方

——推荐《优秀教师的30本案头书》

翻开这本书的序言，我的眼睛立即一亮。高万祥说，作为中学校长，他的理想是让学校成为真正读书的地方，让学生成为真正的"读书人"。学校是读书的地方，是培养"读书人"的地方——这个道理多么朴实，然而，一个校长只有自己是"读书人"，才说得出来，才会视为天经地义。

高校长的确是一个"读书人"。我和他结识十二年，见面不算多，最深的印象是儒雅，身上毫无官气和俗气，言谈必是书，旁及中外文化名人典故。他对文化人情有独钟，有一次在北京见面，他匆匆离去，为的是去寻访坐落在我家附近的康有为故居。

可是，在今天的应试体制下，又有几所中学称得上是读书的地方呢？基本上都是应付功课和考试的地方，培养出来的也不是"读书人"，而是一批批送往硝烟弥漫的高考战场的可怜"考生"。所以，高校长只好把本来天经地义的事情当作自己的理想。所以，他要和徐飞合著这本书来推动理想的实现。

什么是"读书人"？按照我的理解，就是一辈子爱读书的人，就是以读书为乐、为生活方式的人。人是要一辈子读书的，而能否养成读书的习惯和品位，中学时代是关键。在这方面，高校长所崇敬的教育家苏霍姆林斯基有相当精辟的论述。他指出：少年的自我教育是从读一本好书开始的，学生的智力发展取决于良好的阅读能力；一个真正的人应当在灵魂深处有一个精神宝藏，这就是他通宵达旦地读过的一两百本好书；如果少年时没有品尝过阅读的激动人心的快乐，没有自己心爱的书和喜爱的作家，其全面发展是不可设想的。高校长由此体悟到：对少年来说，任何教育都不能取代经典好书的阅读，办学应当从阅读开始，没有阅读就没有真正的教育。

我也认为少年期的阅读经验对于人的一生至关重要。青春期是人生最美妙的时期，恋爱是青春期最美妙的事情。我说的恋爱是广义的，不只是指对异性的憧憬和眷恋，随着春心萌动，少男少女对世界和人生都怀着一种恋爱的心情，眼中的一切都闪放着诱人的光芒。在这样的心情中，一个人有幸接触到书的世界，就有了青春期最美妙的恋爱——青春期的阅读。青春期的阅读真正具有恋爱的性质，那样如痴如醉，充满着奇遇和单纯的幸福。人的一生中，以后再不会有如此纯洁而痴迷的阅读了，成年人的阅读几乎不可避免地被功利、事务、疲劳损害。但是，倘若从来不曾有过青春期的阅读，结果是什么，只要看一看那些走出校门后不再读书的人就知道了。

如果说少年期是养成读书习惯和品位的关键时期，那么能否让足够多的学生拥有青春期的阅读，教师是关键。教师自己首先应该是爱读书、会读书的人，是真正的"读书人"，才能在学校里形成一种风气，把学生也熏染成爱读书、会读书的"读书人"。高校长说得好：好教师一辈子只做两件事——读书和教书，读书利己，教书利人，教师的幸福在于二者是完全统一的。

这本书就是为有志于阅读兴教的教师们编写的，试图为他们提供一份案头书的目录和阐释。预定的数量是三十本，如何来挑选？本书另一作者徐飞在后记中做了有趣的提示。他说，他在高校长家里感受到了藏书万卷的雍容气派，楼上楼下到处是书，而最爱的书在卧室里，那是其心目中的"书中的书""书中的恒星"，他从中看到了高校长的"精神纹理、思想底座"。可以想见，被选中的书大多出自其中，是其长期浸染、日夜相伴的精神挚友，凝聚了高校长自己的阅读经验。我们还可发现，它们大多也是中外历史上最有教育意义的经典名著。如果让我来挑选，我一定也不会遗漏，比如说《论语》《理想国》这两本最伟大的古代哲学兼教育著作，卢梭的《爱弥儿》、杜威的《民主主义与教育》这两本近现代最重要的教育论著，林语堂的《苏东坡传》、爱克曼的《歌德谈话录》这两本以中西两位天才文豪为传主并且也是写得极为精彩的传记作品。

在具体编选时，作者做了认真的梳理，把所选的书分为三类，实际上是根据人的精神属性的三个方面来划分的。人的精神属性可以相对地分为智力、道德、情感，与此相应，素质教育可分为智育、德育、美育，而阅读好书则是提升这三种精神素质、进行这三种教育的最佳途径。第一类是哲学、教育学、心理学等理论著作，阅读这类书籍的目的是培育思想尊严，拥有追求真理的勇气和独立思考的能力。第二类是伟人和优秀人物的传记，阅读这类书籍的目的是培育爱心、良心、社会责任心，做一个有道德、有信仰的人。第三类是文学作品，阅读这类书籍的目的是培育诗意和创造情怀，拥有丰富的感受力和想象力。每一类各包括十本书，对于每一本书，作者着重阐释了其精华和在教育上的启示。

　　本书两位作者，一位是校长兼语文教师，另一位是专职语文教师。让学校回归读书和培养"读书人"的地方，校长和语文教师能发挥重要作用。如果高校长的理想成为每一位中学校长和语文教师的理想，距理想变为现实就不远了。让我们从自身做起，自己首先做一个真正的"读书人"。

2012年6月

让穷孩子们仰望星空

　　近日，北京慈弘慈善基金会和人民文学出版社举行新闻发布会，正式启动一个名叫"慈弘图书角"的合作项目。据介绍，该项目主要针对西部贫困地区县、乡级中学及部分小学学生，选择教育资源贫乏的学校，给每个班级配备七十五至一百册图书，图书均由人民文学出版社供货，以中外文学名著为主。基金会负责人称，该基金会曾对青海省县、乡级三所中学五百名学生做抽样调查，发现拥有一册以上图书的学生仅占0.5%。也就是说，几乎所有学生没有课外书。各学校图书室的藏书也极为可怜，基本上只有一些过时的读物，而且不向学生开放。由于西部经济状况和消费水平的限制，当地书店很少进新书，因为进了也卖不掉。因此，对于那些中外名著，孩子们至多在语文课本上闻其名，却无缘一睹真容。这就是实施慈弘图书角项目的缘起，旨在让西部贫困孩子能够读到好书。

　　我对这个项目的立意和做法十分赞赏。回顾自己的精神成长的历程，我深知在儿童和少年时期养成读好书习惯的重要性。每一个孩子心中都有一种渴望，对知识和光明的渴望，对真善美的渴望，这种渴望有待点燃，而书籍是最好的火种。世上有一些穷孩子，因为及早发现了书籍的世界，日后不但改变了自己的命运，而且成了改变世界的人。我在这里特别想到了19世纪美国的钢铁大王卡耐基，他早年贫困，只上学到十三岁，就为生计所迫当了小邮差。然而，正是在这一年，一位退休上校用自己拥有的四百册文学名著办了一个图书角，向穷孩子们开放，而小卡耐基成了最积极的借阅者。他在自传中说：他感激这位上校的"充满智慧的慷慨""是他培养了我对文学的爱好和品位，即使用人类所有的钱财与之交换，我也不愿意"。事实上，少年时代养成的这种"对文学的爱好和品位"奠定了卡耐基一生精神追求的基础。众所周知，他后来成了美国民间公益事业的奠基人，所赞助的主要领域恰是教育和社区图书馆。

王尔德有一句名言："我们都生活在阴沟里，但我们中有些人仰望星空。"一个为生存挣扎的穷人是生活在阴沟里，一个为财富忙碌的富人也是生活在阴沟里。然而，不论穷人富人，总有一些人的灵魂觉醒了，看到了头顶上的星空，心中有了精神的目标。我相信，仰望星空的人越多，生活在阴沟里的人类就越有希望，而那些伟大书籍所传递的正是星空的信息。

今天，中国西部地区的广大孩子生活在贫困的阴沟里，最需要获得星空的信息。在我看来，慈弘图书角项目的意义即在于此，是给西部孩子送去星空的信息的。我最欣赏的一点是，送去的真正是好书，是中国最好的文学出版社出版的文学名著，使穷孩子们直接就得以汲取最好的精神营养。相比之下，城里的孩子虽然生活优越得多，但同时置身在一个充斥着垃圾信息的文化环境中，许多人迷恋于动漫之类的快餐，反而距离文学宝库更加遥远。

毫无疑问，要根本改善西部贫困孩子的处境，必须从多方面努力，有赖于中国经济、政治、教育体制的整体改善，不是只送一些好书去就能奏效的。但是，这是众多努力中不可缺少的一维。心灵的关怀是大善、根本之善，其作用深刻而长远，非物质的援助所能比。同时，鉴于当地书籍稀缺的现状，此举具有紧迫性，不啻是精神上的雪中送炭。我期待有更多的基金会和出版社也这样做，让高质量的图书角在贫困地区遍地开花，让穷孩子们都有仰望星空的机会。

2011年3月

第七辑

论语文教学

语文教学的使命是母语的训练和心灵的培养。

如果我是语文教师

我问自己一个问题：如果我是中学语文教师，我会怎么教学生？

对这个问题不能凭空回答，而应凭借切身的经验。我没有当过中学教师，但我当过中学生。让我回顾一下，在我的中学时代，什么东西真正提高了我的语文水平，使我在后来的写作生涯中受益无穷。我发现是两样东西，一是读课外书的爱好，二是写日记的习惯。

那么，答案就有了。

如果我是语文教师，我会注意培养学生对书籍的兴趣，鼓励他们多读好书，多读好的文学作品。所谓多，就要有一定的阅读量，比如说每个学期至少读三本好书。我也许会列一个推荐书目，但不做统一规定，而是让每个学生自己选择感兴趣的书。兴趣尽可五花八门，趣味一定要正，在这方面我会做一些引导。我还会提倡学生写读书笔记，形式不拘，可以是读后的感想，也可以只是摘录书中自己喜欢的语句。

如果我是语文教师，我会鼓励学生写日记。写日记第一贵在坚持，养成习惯；第二贵在真实，有内容。写日记既能坚持又写得有内容，即已证明这个学生在写作上既有兴趣又有能力，我会保证给予优秀的语文成绩。

我主要就抓这两件事。所谓语文水平，无非就是这两样东西，一是阅读的兴趣和能力，二是写作的兴趣和能力。当然要让学生写作文，不过，我会采取不命题为主的方式，学生可以把自己满意的某一篇读书笔记或日记交上来，作为课堂作文。总之，我要让学生知道，上我的语文课，无论阅读还是写作，最重要的是要有自己的真实感受和独立见解。

我最不会做的事情，就是让学生分析某一篇范文的所谓中心思想或段落大意。据我所知，我的文章常被用作这样的范文，让学生们受够了折磨。有一回，一个中学生拿了这样一份卷子来考我，是我写的《面对苦难》。对于所列的许多测试题，我真不知该如何解答，只好蒙，她对照标准答案批改，结果几乎不及格。由此可见，这种有所谓标准答案的测试方式是多么荒谬。

2008年1月

母语是教育的起点

——《咬文嚼字》2012年合订本序

　　尼采曾经指出：母语是"真正的教育由之开始的最重要、最直接的对象"，良好的母语训练是"一切后续教育工作"的"自然的、丰产的土壤"；教师应当使学生从少年时代起就严肃地对待母语，"对语言感到敬畏"，最好还"对语言产生高贵的热情"。我完全赞同他的见解。

　　教育是心智成长的过程，而母语是心智成长最重要的环境之一。母语就好比文化母乳，我们在母语的滋养下学会了思考、表达和交流。虽然后续教育有不同领域和学科之分，但一切教育的基本要求是正确地读、想和写，而这种正确性正是通过良好的母语训练打下基础的。认真对待语言，力求准确地使用每一个词，这不仅是为了避免他人的误解，更是对待心智生活的严肃态度。不能想象，一个对写给别人看的文字极其马虎的人，自己思考时会非常认真。事实上，这种马虎恰恰暴露了他自己也不在乎所要传达的东西。相反，凡是呕心沥血于精神劳动的人，因为珍惜劳动成果，在传达时对文字往往都近乎怀有一种洁癖。

如果说文化是一种教养，那么，母语就是教养的基本功，教养上的缺陷必定会在语言上体现出来。一个语言粗鄙的人，我们会立刻断定他没文化。一个语言华而不实的人，我们也可以立刻断定他伪文化。举止上的高贵风度来自平时最一丝不苟的训练和自我训练，语言上的良好作风也是如此。不用说写公开发表的文章，哪怕是写只给某一个人看的信，只给自己看的日记，都讲究用词和语法的正确、文风的端正，不肯留下一个不修边幅的句子，如此持之以恒，良好的文字习惯就化作本能了，而这便是文字上的教养，因为教养无非是化作本能的良好习惯罢了。

各民族都拥有优秀母语写作的传统，这个传统存在于本民族的经典作品之中，它们理应成为母语学习的范本。一百多年前，尼采已经埋怨德国青少年不是向德语经典作家，而是从媒体那里学习母语，使得他们"尚未成形的心灵被印上了新闻审美趣味的野蛮标记"。如果尼采生活在今天这个网络时代，真不知他会做何感想。我本人认为，网络语文的繁荣极大地拓宽了写作普及的范围和发表自由的空间，诚然是好事，但也因此更应该警惕尼采所说的"新闻审美趣味"的蔓延。网络语文往往是急就章，因此可能导致两个后果，一是内容上的浅薄，缺乏酝酿和积累，成为即兴发泄和时尚狂欢的娱乐场；二是语言上的粗率，容易滋生马虎对待母语的习气，成为错别字和语病的重灾区。内容浅薄，语言粗率，这正是"新闻审美趣味"的两大特征，所以尼采说它"野蛮"。

当然，语言是约定俗成的，必然会在使用中有发展、有更新。我丝毫不反对语言上的创新，但是，第一，创新必须是合乎母语本身规律的，一个词的新的用法，一个句子的新的组织法，应该是对原有词法和句法的推陈出新，而非凭空生造；第二，创新能否被接受成为新的约定俗成，有待于时间的检验。有一点可以肯定，创新的前提是敬畏母语，因而对母语十分用心，有敏锐而细腻的感觉，那种哗众取宠的起哄式的所谓"创新"是闹剧，今天一哄而起，明天就会一哄而散。

　　"咬文嚼字"这个成语原是贬义词，把它用来做一本刊物的名字，变成了褒义词，这何尝不是一个创新呢。是的，我们不要那种脱离文本内涵死抠字眼的"咬文嚼字"，但是，讲究文字的规范性，文字对应所表达内容的准确性，为此而"咬嚼"文字，这样的"咬文嚼字"好得很，是保护母语纯洁性的善举。

2012年12月

对标准答案说不

——《试卷中的周国平》序

　　我的文章常被收进中学语文课本，更多被用于中学语文测试，这给我提供了一个机会，让我对中学语文教学有了一点儿近距离的观察。

　　首先要感谢语文教学界，承蒙其厚爱，我在中学生里有了许多读者。经常有人告诉我，说自己从中学开始就读我的作品了，我心知这主要缘于语文课。一个作家的作品能够由课堂这个最直接的途径，进入一代代少年人的视界乃至心田，这是怎样的福气？我感恩。在学生的心目中，进入课本也许就意味着进入历史，以至于有一回和某中学的学生见面，一个男生站起来说："周老师您还活着啊，我以为您是民国人物哩。"我愉快又惭愧地为我还活着向他道歉。

　　然而，我也常听见有中学生发出抱怨，说我的文章把他们害苦了。这大约有两种情况。一是文章难懂，对此我要检讨自己，我的有些文章有概念化的毛病，品质不高，本不该被选中的。二是试题难答，这就不能全怪我了，有必要检讨测试的方式。有一回，一个初三女生拿给我一份试卷，是以我的《人的高贵在于灵魂》为文本的测试，她让我自己做一下，然后按照标准答案打分，我得了六十九分。她十分得意，因为我比她分低，她还得了七十一分呢。当然不能说作者一定很理解自己的作品，但是，如果标准答案是作者自己也不容易猜中的，我们就有理由问：所谓标准答案的根据是什么？这种有标准答案的测试方式能否测出真实的理解能力？

现行测试方式对语文有一个似乎不言而喻的定位，即语文是一种知识。按照这个定位，理解一个文本，就是要把这个文本所包含的知识找出来，予以牢固掌握。语文诚然包含知识，比如语法规则和修辞手法之类，但语文课的目的是培养阅读和写作的能力，而这种能力其实与是否牢记这类知识没有什么关系。这类知识是默会和实践性质的，没有人是因为牢记这类知识而成为一个好的文学鉴赏者或者一个好的作家的。本书中多有这样的试题，问某个句子运用了什么论证方法，我看了答案才知道，竟有道理论证、举例论证、对比论证、正反论证、比喻论证、引用论证等这么繁多的名目，而我写这些句子的时候哪里想得到。

按照语文是知识的定位，文本的内容也被归结为若干知识要点，无非是中心论点（主题思想）、段落大意以及文中某些关键语句的含义，而能够按照标准答案回答出这些要点就算是理解了文本。这是现行语文测试的一个基本模式，我认为它不但把理解简单化了，而且阻碍了真正的理解。我要郑重强调一个观点：语文绝不只是知识。这有两层意思。其一，即使你在逻辑上正确地归纳了文本的中心论点和段落大意（这在一定程度上可以看作知识），也不等于理解了文本，因为好的文本的意义远远大于这一点儿知识。其二，知识有标准答案，文本的意义则不可能有标准答案，好的文本的意义一定是开放的，因此真正的理解也一定是积极的而不是被动的。可是，标准答案的存在却逼迫学生只能作被动的理解，把注意力放在揣摩可能的答案上面，阻塞了主动的积极的理解过程。

真实的理解过程是怎样的？我们与一个文本相遇，它借文字符号表达了某种意义，在理解之前，这个意义是不明确的，唯有在理解中才会明确起来。所谓明确起来，并不是文本中有一个纯粹客观的东西，我们把它捕捉到了。一方面，文学作品传达的是作者的感受和思考，其意义是复杂而非单一的，从不同角度去看可以有不同的理解。另一方面，接受者面对一个文本的时候，心灵不是一片空白，他在以往的经历和阅读中也积累了感受和思考，一定会把他的积累带进理解之中。这个情况既不可避免，也十分必要，实在是理解的前提，因为倘若心灵一片空白，他是不可能读懂任何文本的。

根据这两个方面，德国哲学家伽达默尔提出了一个概念，叫作视域融合。理解发生的时候，存在着两个不同的视域，一是文本的含义，二是接受者的心灵积累，而理解的结果是这两个视域的融合。最后得出的东西，必定为文本和接受者所共有，你中有我，我中有你，其间的界限事实上无法明确区分。

换一个说法，理解是接受者与文本之间的对话，而成功的理解就是有效的对话。一方面，文本是好的文本，有丰富的内涵、有充分的开放性。另一方面，接受者是好的接受者，有丰富的心灵积累、有充分的理解力。因此，二者之间能够最充分地相互作用，实现最大限度的视域融合。经由这样高品质的理解，文本的意义和接受者的心灵积累都在增长。纵观人类的精神历程，优秀书籍的传播和优秀心灵的成长的确是同行并进的。

用这个观点来看语文课，无论课文阅读，还是文本测试，都应该把重点放在调动和增加学生的心灵积累上，以此促进学生的心灵生长。为此第一必须选择好的文本，不但要有值得去理解的内涵，而且要契合学生心灵积累的一般情况。务必杜绝假大空的文本，那种东西既没有可供理解的内涵，在学生的真实经验中又没有对应物，只会麻痹和败坏心灵。第二要改变教学和测试方式，总的精神是推动学生与文本对话。测试对文本的理解，我主张用两种方式，一是写评论或读后感，二是设计出能够激发独立思考的试题，这样的试题不可能有标准答案。在这两种方式下，评判的标准都是看有无真实感受和独立见解，能否言之成理。事实上，在自然的阅读状态中，学生哪里会去关注主题思想、段落大意之类的东西，他如果读得兴趣盎然，内心必有一种共鸣或者抗争，而这正是他的理解力得到了充分动员的表现。现行语文课的问题就在于违背了这种活泼的自然状态，人为设计一套死板的方式。

语文课有两项使命。一是母语的训练，让学生学会正确地读、想、写。二是人文素质的培养，亦即上文所说的心灵的生长。在实际的教学中，二者是不可分的。教材是基础，应该既是优秀的母语范文，又有纯正的人文内涵。无论母语的训练，还是人文素质的培养，都是通过阅读好作品受熏陶的过程。理解不是孤立的能力，它是在熏陶中不知不觉形成的，语文测试所测试的实际上就是熏陶的效果。

本书的主体部分是五十五份中学语文试卷，是一位有心的编辑替我搜集和汇编的。用作测试文本的我的文章，其中有相当一些，出题人做了删节，本书皆保持原样，不予复原。在每份试卷后面，我都写了评注。有些试卷甚合吾意，有些明显存在我所批评的弊病，我都如实写了我的看法。我的评注皆对事不对人，为此在写之前决不去看是哪个单位使用了这份试卷。我的看法不一定对，只是一种切磋，旨在探索合理的语文教学和测试体系。在这个探索中，我的文本只是方便的案例，用谁的文本都一样，不会影响我的判断。我期待本书能在语文教学界引起讨论，也欢迎有切身体会的中学生发表意见。

2016年12月

语文教学的功能

——答《北京晚报》

问：数日前您和诸多学者在"中国教育三十人论坛"首届年会上，就当前语文教学问题发声。您说现在的语文教学与人文教育差距太远，那么二者最本质的差距在哪里呢？

答：语文教学的主要功能是良好的母语训练，引导学生通过阅读最好的母语作品，对母语产生热爱之情和敬畏之心，同时学会正确地读、想、写。语言是民族的基本特征和主要文化纽带，在某种意义上，爱母语是最根本的爱国，一个受过良好母语训练的人，无论走到世界的什么地方，他在文化上是有根的，他都会有作为中国人的民族意识和自豪感。在教材的选择上，标准有二，一是语言艺术，二是人文内涵。因此，好的语文教学有两个效果，一是母语训练，二是人文教育。鉴于后者，我说语文教学是人文教育的重要途径之一。我认为现在的语文教学在这两方面都有很大的欠缺。

问：您称自己的文章经常被用作语文测试的卷子，但对诸如分析文章的主题思想、段落大意，解析某句话背后的意思，您自己都无法作答，说这种考试方式极为可笑，极为荒唐。可是拿分析段落大意来说，其实不就是在考查一个人的概括能力吗？这种考查真的全无意义吗？您不认同分析、解析式地学习语文，本质上是不赞成语文学习的哪种方式呢？

答：我反对这种教学和测试方式的主要理由有二。一、着重点错了。主题思想、段落大意的概括把文本简化为一些观念，最重要的东西——语言艺术和人文内涵——遭到了严重的忽视。二、好的文本并无一个固定的意义，或者说，它的意义是开放的，可以做不同的解释。阅读是一个积极的对话过程，用现代解释学的话来说，是文本的视野与接受者的视野的融合。在这个过程中，接受者的相关经验得到调动，对文本会有自己独特的理解。现在这种方式把阅读过程中这个最生动美好的因素扼杀了。

问：那么在现行的语文教育环节里，据您观察尚有可取之处吗？还是几乎一无是处呢？

答：我没有做调查，只是从所接触的教师和学生那里得到一些印象，所以不能下整体性的论断。

问：我们听到一些声音，说今后学理科、工科，语文好不好似乎没什么关系，您怎么看这种观点？

答：正确地读、想、写是基本的文化素养，理工科学生也必须具备，因为第一，理工科在专业范围内同样存在正确地思考和表达的问题；第二，你终归是一个人，在社会上生活，要和人打交道，因此也必须有这个素养。

问：您曾说，语文教学和通识课程不一样，一个人的高等教育可以有不同的专业之分，但是基础性的都是正确地读、想、写。是否可以理解成语文在您的定义中不局限于科目，而是一种基本的能力？

答：语文教学的第一功能是母语训练，第二功能是人文教育，而通识课程的功能就只是人文教育，这是二者不同的地方。我认为，不论专业，母语能力和人文素质都应该是必备的。

问：我看过您早期的文章，谈到如果您是中学语文老师，您会注意培养学生对书籍的兴趣以及鼓励学生写日记，即您反复强调的阅读和写作。但事实上很多老师、家长已然颇为重视孩子的阅读和写作，比如经常给孩子买书，要求学生写日记、周记等，可孩子还是对语文缺乏兴趣。您觉得问题可能出在哪儿呢？换句话说，要怎样才能培养孩子对阅读和写作的兴趣呢？

答：你不能只是给孩子布置任务，那样实际上是在繁重的作业之外又增加了作业。关键是要让孩子真正感觉到阅读和写作的乐趣，为了做到这一点，我的体会是家长自己的参与非常重要。选择一本孩子可能喜欢的书，你自己也读，和孩子谈论书中的内容。孩子遇到一件有意思的事，你鼓励他写成一篇日记，你做评点。如此等等。总之，你要参与和投入，不能当工头，没有人喜欢在一个工头的命令下做事，孩子更是如此。

问：您认为语文教学的改革太必要了，那么如果请您来设计这个改革，您会从哪些方面进行呢？

答：第一是理念；第二是教材，标准是语言艺术和人文内涵，把不合乃至违背此标准的课文全部删除；第三是方法，课文练习着重理解和欣赏，写读后感，作文可以不命题，提倡多写，把自己最得意的文章交上来。

问：有学者表示，自己理想中的大学是20世纪三四十年代的大学（比如西南联大）。您是否也有比较欣赏和认同的教育年代、模式、教师等？能否请您描述一下，理想中的语文课、语文教学是种怎样的状态？

答：民国时期教师的素质普遍比较好，第一是单纯，对所教课程有真兴趣，第二是有个性。现在这样的教师太少了。教师有真兴趣、有个性，教学就会出理想的状态。

问：您曾在微博里表述，"我们教育的狭隘是全方位的，智力教育限于应试和谋职，心灵、心性、智慧教育完全没有，代之以意识形态灌输"。您这里讲到的"智慧教育"具体为何？

答：智慧教育就是真正意义上的哲学教育，引导学生独立思考世界和人生的重大问题。

问：站在哲学角度看教育，您认为教育的本质为何？

答：我赞同卢梭和杜威的说法，教育就是生长，就是让受教育者的智、情、德各项精神属性得到健康的生长，成为真正意义上的人。这就是我对教育的本质的理解。教育是生长，不是培训，培训是按照一个实用的目的灌输知识和训练技能。现在我们基本上只有培训，没有教育。

2014年12月

养成写日记的习惯

　　不论在什么场合，只要是面对中学生，我最经常提的一个建议就是：养成写日记的习惯。中学是人生的一个关键时期，许多好习惯和坏习惯都是在这个时期里养成的。有两种好习惯，一旦养成了，就终身受益。我指的是阅读的习惯和写日记的习惯。这里我只说一说写日记的好处。

　　第一，日记是岁月的保险柜。每个人都只拥有一次人生，而人生是由每天、每年、每个阶段的活生生的经历组成的。如果你热爱人生，你就一定会无比珍惜自己的经历，珍惜其中的欢乐和痛苦，心情和感受，因为它们是你真正拥有的东西。令人遗憾的是，这一切不可避免地会随着时间的流逝而失去。为了留住它们，人们想出了种种办法，例如用摄影和录像保存生活中的若干场景。但是，我认为写日记是更好的办法，与图像相比，文字的容量要大得多。通过写日记，我们仿佛把逝去的一个个日子放进了保险柜，有一天打开这个保险柜，这些日子便会历历在目地重现在眼前。记忆是不可靠的，对于一个不写日记的人来说，除了某些印象特别深刻的经历外，多数往事会渐渐模糊，甚至永远沉入遗忘的深渊。相反，如果有日记作为依凭，即使许多年前的细节，也比较容易在记忆中唤醒。在这个意义上，日记使人拥有了一个更丰富的人生。

第二，日记是灵魂的密室。人活在世上，不但要过外部生活，比如上学、和同学交往，还要过内心生活。内心生活并不神秘，它实际上就是一个人自己与自己进行交谈。你读到了一本使你感动的书，你看到了一片使你陶醉的风景，你见到了一个使你心仪的人，你遇到了一件使你高兴或伤心的事，在这些时候，你心中也许有一些不愿或者不能对别人说的感受，你就用笔对自己说。当你这样做的时候，你是在写日记，也就是在过内心生活了。有的人只习惯于与别人共处，和别人说话，自己对自己无话可说，一旦独处就难受得要命，这样的人终究是肤浅的。人必须学会倾听自己的心声，自己与自己交流，这样才能逐渐形成一个较有深度的内心世界，而写日记正是帮助我们达到这一目的的有效手段。

第三，日记是忠实的朋友。我们在人世间不能没有朋友，真正的友谊使我们在困难时得到帮助，在痛苦时得到慰藉，在一切时候得到温暖和鼓舞。不过，请不要忘记，在所有的朋友之外，每个人还可以拥有一个特殊的朋友，那就是日记。在某种意义上，它是你的最忠实的朋友。没有人——包括你最亲密的朋友——是你的专职朋友，唯有日记可以说是。别的朋友总有忙于自己的事情而不能关心你的时候，而日记却随时听从你的召唤，永远不会拒绝倾听你的诉说。一个人养成了写日记的习惯，他仍会有寂寞的时光，但不会无法忍受，因为有日记陪伴他。在隐私权受到法律保护的社会里，日记的忠实还表现在它不会背叛你，无论你对它说了什么，它都只是珍藏在心里，绝不违背你的意愿向外张扬。

第四，日记是作家的摇篮。要成为一个够格的作家，基本条件是有真情实感，并且善于用恰当的语言把真情实感表达出来。在这一方面，写日记是最好的训练，因为日记是写给自己看的，一个人总不会把空洞虚假的东西献给自己。对于提高写作能力来说，日记有作文不可代替的作用。作文所起的作用在很大程度上取决于教师的水平，如果教师水平低，指导失当，甚至会起坏作用。与写作文不同，在写日记时，你是自由的，可以只写自己感兴趣的东西，不用为你不感兴趣的题目绞尽脑汁。你还可以只按照自己满意的方式写，不用考虑是否合乎某个老师的要求或某种固定的规范。按照自己满意的方式写自己感兴趣的题材，这正是文学创作的主要特征，所以写日记是比写作文更接近于创作的。事实上，许多优秀作家的创作就是从写日记开始的，而且，如果他们想继续优秀，就必须在创作中始终保持写日记时的那种自由心态。

我说了这么多写日记的好处，那么，是不是一个人只要随便怎样写一点儿日记，就能得到这些好处呢？当然不是。依我看，要得到这些好处，必须遵守三个条件。一是坚持，尤其开始时每天都写，来不及就第二天补写，决不偷懒，决不姑息自己，这样才能形成习惯。二是认真，对触动了自己的事情和心情要仔细写，努力寻找确切的表达，决不马虎，决不敷衍自己，这样写出的日记才具有我在上面列举的这些价值。三是私密，基本上不给人看，这样在写日记时才能排除他人眼光的干扰，坦然面对自己，句句都写真心话。

写到这里，我不得不对天下的老师和家长们进一忠告，因为要遵守这第三个条件，必须有你们的理解和配合。你们一定要把日记和作文区别开来，语文老师当然可以布置学生写若干篇日记然后加以批改，但这样的日记实际上还是作文，只不过其体裁是日记罢了。我现在提倡学生写的是名副其实的日记，这意味着老师和家长都必须尊重其私密性，如果不是孩子自愿，任何人不得查看。我不止一次听说这样的事情：有的孩子自发地写起私人日记来，家长和老师觉察后，便偷看或突击检查，一旦发现自以为不妥当的内容，就横加指责和羞辱。这是十足的愚蠢和野蛮，是对孩子正在生长的自由心灵和独立人格的摧残。我们应该把孩子的私人日记看作属于他们的一块不容侵犯的圣地，甚至克制我们的好奇心，鼓励孩子不给我们看。我们要相信，孩子的心灵隐私越是受到尊重，他们就越容易培养起真诚、自信、独立思考等品质，他们在精神上就越能够健康地成长。不必担心因此会产生隔膜，实际上，唯有在平等和尊重的氛围中，我们和孩子之间才可能产生实质性的交流。也无须靠检查日记了解学生的语文水平，学生写日记是否认真，有无收获，必定会在作文中体现出来，而被有慧眼的教师看到。

2003年7月

真文学是非职业的

——在2010年文学走进大学校园活动启动仪式上的发言

今天，2010年文学走进大学校园活动在清华大学举行启动仪式，我作为作家代表发言。其实，和许多作家相比，我是最没有资格做这个代表的。因为第一，我加入作协的时间非常短，承蒙铁凝主席和我的朋友史铁生介绍，我在几个月前才成为作协会员。第二，我的专业不是文学创作，而是哲学研究，因此我只能算一个业余作家。可是，正因为如此，我与文学的关系就和校园里的文学爱好者们的情况非常接近，我们都是业余的，比较容易沟通，这也许是让我来发言的一个理由吧。

事实上，在大学校园里，文学一直是存在着的。我不但是指许许多多的文学社团和文学爱好者，而且是指更多的不以为自己从事文学却在不断写作的人，他们在日记里、在给亲友的信中、在个人博客上写下自己的欢乐和苦恼，经历和感受，观察和思考。什么是文学？在我看来，文学是心灵生活的一种方式。一个人认真地倾听自己灵魂中的声音，为它寻找语言的表达，这就已经是文学了。本真意义上的文学是非职业的，属于每一个热爱生命的人。青年天然地热爱生命，年轻的心是文学的天然沃土。谁在青春期没有写过诗？谁在大学时代没有自己的抽屉文学？文学是无数青年的秘密情人或公开情人，在一定意义上，秘密情人比公开情人更甜蜜也更忠贞。有一些青年后来和这个情人结婚了，成了专业作家。不过，众所周知，婚姻中有太多的利益考虑和规定动作，往往不如爱情那样纯粹和率真，甚至有可能成为爱情的坟墓。

托尔斯泰说："写作的职业化是文学堕落的主要原因。"我经常用这句话警示自己，虽然我自认为是一个业余作家，但是，写作事实上已经成为我的收入的主要来源，因而不可避免地变得不那么纯粹了，我无法否认我的作品有退步的趋势。法国作家列那尔在相同的意义上说："我把那些还没有以文学为职业的人称作经典作家。"正因为这个意义上的经典作家一代又一代不断涌现，文学才得以永葆青春。同学们，你们就是今天的经典作家，所以，我想，文学走进校园，首先是为了来感谢你们的。

谢谢你们！谢谢大家！我的话讲完了。

2010年6月

写作上的从小见大

　　在写作中，怎样做到从小见大？我的回答是，第一在平时练就"见"的眼力，第二在写作时如实写出所"见"。

　　"工夫在诗外。"陆游此言说出了写作的普遍真理。要能从小见大，前提是平时就勤于思考宇宙、社会、人生的大道理，又敏于感受日常生活中的细小事物。泰戈尔从一朵野花看到了造物主创造的耐心，如此写道："我的主，你的世纪，一个接着一个，来完成一朵小小的野花。"同样的一朵野花，一个对宇宙和生命的真理毫无思考的人看见了，是什么感想也不会有的。

　　写作不是写作时才发生的事情，平时的积累最重要。长期以来，我养成了一个习惯，在生活中每遇到触动我的心灵的事，不论悲喜苦乐，随时记录下来，包括由之产生的思考。越是使我快乐或痛苦、感动或愤怒的事，我越不轻易放过，但也不沉溺其中，而是把它们当作认识人生和人性的宝贵材料。这样做的结果是，久而久之，我感到小与大之间的道路是畅通的，从小见大就不是什么难事了。

当然，具体写作时，是要有技巧的，但技巧并不复杂，我认为主要是两个。第一，对于所写的这件小事，要抓住它真正使你被触动的情境和细节，这实际上是小和大之间的关联点，着重加以描述，尽可能写得准确、细致、具体、生动，让读者感到，你被触动是多么自然的事情，他们在此情境中同样会被触动。在这样的描述中，已经隐含大道理了。因此，第二，对于从小事中体悟到的大道理，只需作画龙点睛的表述，语言要简洁，切忌长篇大论，要质朴，切忌豪言壮语，最好还要独特，切忌老生常谈。最佳的效果是，读者从你所描述的小中已经隐约见出了大，而在读到你的点睛之句时，仿佛刹那间被点破，发出了会心的微笑。

2008年8月

怎样通过叙事来说理

通过叙事来说理，是常用的作文方式。这样的文章容易写得概念化、一般化，究其原因，往往因为所说之"理"并非作者从亲历之"事"中感悟，而是一个抽象的东西，于是只好概念先行，根据概念编造或推演出"事"来，然后贴上"理"的标签。结果，所叙之"事"必定显得假或者空，成为所说之"理"的生硬的图解。

其实，在生活中，人人都不缺乏由"事"悟"理"的机会，就看是否有心。请看《习惯说》，刘蓉就是一个有心人。书房的地上有一个坑，开始时，他踩到那里就别扭，觉得被绊了一下，久了便习惯了，好像坑不复存在。后来，坑被填平，开始时，他踩到那里又别扭，觉得隆起了一个坡，也是久了便习惯了。一般人如果经历这样的"事"，恐怕都会有所触动，但往往不去细想。刘蓉不然，他认真思考被触动的缘由，就是习惯的力量之大，可以使人觉得坑是平地，平地是坡，于是找出了寓于"事"中的"理"，即"君子之学贵慎始"。

所以，经历某件事，如果你被触动，若有所悟，这时候就要留心。

你不要停留在若有所悟的状态，而要把若有所悟变成确有所悟，想清楚所悟的究竟是什么。某个"理"业已寓于"事"之中，你要把它找出来，而且要找得准，真正是这件"事"使你所悟的那个"理"。一个人养成了这样由"事"悟"理"的习惯，借"事"说"理"就不是难事了。

第一要选取真正触动你的"事"，第二要找准你在"事"中悟到的"理"，在此前提下，写作的艺术在于"叙"。"叙"无定规，最能显出作者的水平。"叙"的关键是细节的处理，要把握好"叙"的节奏，有节制、有起伏，不妨还有悬念。"叙"好比演剧，此时"理"并不出场，但它却始终在引导着"叙"的导演。最佳效果是，通篇是"叙"，却已经不露痕迹地把那个尚未"说"出的"理"呈现出来了，因此只需在最后"说"一句点睛的话就可以了，甚至连这句话也不必"说"了，这就好比导演只需在最后谢一下幕或者连谢幕也不必了。

2012年4月

第八辑

向教育提问

是到全民向教育提问的时候了。

为中国今天的教育把脉

——评杨东平《中国教育公平的理想与现实》

近十来年，中国教育领域的弊端有目共睹，从小学开始的沉重升学压力和功课负担，激烈的择校竞争，高收费、乱收费和严重的腐败，义务教育的名存实亡，失学儿童和贫困生的大量出现，如此病象纷呈，其症结究竟何在？如何从一团乱麻中理出一条线索，找出补救的措施，进而校正改革的方向？许多有识之士对此进行了严肃的讨论，而杨东平的《中国教育公平的理想与现实》正是这方面的一部力作。

杨东平是一位长期关注教育问题的学者，人们经常听见他发出清醒的声音。在本书中，他从探讨教育公平问题切入，凭借道德良知和理性思考，在分析统计资料和进行实证调查的基础上，对当今教育领域的诸多弊病及其症结做出了清晰的、有说服力的诊断。

教育公平的缺失有一个演进的过程。其中，起决定作用的是重点学校制度和"教育产业化"改革。作者指出，早在20世纪50年代，我国就建立了城乡二元、重点学校和非重点学校二元的等级化公共教育体制，形成了影响我国教育公平的最基本的制度结构。然而，学校等级化的加剧，却是20世纪90年代中期以来实行"教育产业化"改革的结果。这一改革被研究者称作"单纯财政视角的教育改革"，指在教育经费严重不足的背景下，以增长和效率为主要追求的改革。作者认为，它已成为当前影响教育公平最重要的制度性因素，因而对之着重做了剖析，在我看来也是全书最具现实批判力度的章节。

从政策和实践看，"教育产业化"的具体做法，在中等教育阶段主要是公办学校转制，"名校办民校"，例如把名牌中学的初中部变成高收费的"改制学校"。在高等教育阶段，主要方式是办高收费的"二级学院""独立学院"，近些年来更是片面追求数量和规模，用房地产开发模式兴建新校区和"大学城"。大学扩招使得普通高中成为"瓶颈"，在中考竞争远比高考激烈的新态势下，中等教育进一步出现大规模的两极分化，如同作者所说，少数豪华学校与大量贫困学校并存，已经成为基础教育畸形化的一道荒唐、乖张的风景线。

"教育产业化"的实质不是市场化，而是混淆了市场化改革与公共治理改革。一方面，该改的不改，政府高度行政化的治理方式、对学校的直接微观控制、垄断教育资源的方式皆未变；另一方面，不该改的却改了，公立学校靠纳税人的钱提供的公共产品设租寻租，将其变成需要花钱购买的服务，向社会、家长强势地攫取经济资源，并架空了弱势阶层和人群享受公共服务的机会和权利。教育产业的主体本应是民办教育，在"名校办民校"的极端不公平竞争中，真正的民校不但步履维艰，而且大面积死亡，假民办扼杀了真民办。同时，公办教育本身成了腐败的温床，公众对教育的评价降至二十年来最低点，教育成为民怨沸腾的

"暴利行业"和"腐败重地"。教育支出成了中国民众的沉重负担，占人均收入的比例可能是世界上最高的。每年新生入学时节，屡有贫困生或家长因交不起学费而自杀的悲惨案例发生。在社会贫富差距加大的背景下，教育本应发挥社会平等制衡器的作用，现在却蜕变成了凝固和扩大阶层差距的工具。

在当今种种教育乱象之中，"择校热"格外令人瞩目，大多数家长都身不由己地被卷入其中，为之恐慌。义务教育和基础教育阶段的择校竞争是一个最典型的案例，让人们看到了"教育产业化"是如何进一步扩大学校的两极分化的。作者指出，在利益驱动下，当下"择校热"呈现以下特点：第一，面特别广，已从重点中学蔓延到普通中学，从大中城市蔓延到县城和农村地区；第二，低龄化，择校竞争从高中下移到初中，进而下移到重点小学、重点幼儿园；第三，小学阶段出现炽烈的"奥校热""考证热"，极大地损害了儿童的身心；第四，择校生的比例越来越大，在城市重点学校占学生总数的四分之一甚至一半，收费越来越高，已相当于大学学费。正是依靠把所谓"民营机制"引入公立中学，在基础教育阶段用钱购买教育机会的做法得以大规模地合法化，变成了一种"市场规则"，构成了家长们不得不就范的刚性机制，并形成了少数名校、强校的巨大寻租空间。

那么，在教育不公平的演进中，应试教育扮演了什么角色呢？作者简明地指出："应试教育与重点学校互为推动，基础教育进入了这样的恶性循环——单一价值和培养模式的应试教育、升学竞争导致对重点学校的择校需求，择校热导致学校差距继续拉大，学校差距过大又导致择校竞争和应试教育更为激烈，如此反复震荡。"其实，重点学校的优势也是以应试教育为前提的，主要是凭借考入重点高校的升学率而抬高了其门槛和身价。我们不妨设想，倘若改变了以统一试卷和标准答案为特征的现行高考方式，还会不会有今天这样挤破门庭的择校狂热，由此我们也可明白应试教育如此难以改变的缘由了。当然，应试教育在我国已存在了几十年，只是在实行"教育产业化"的近十来年，它才发生了如此巨大的威力。由此可见，应试教育、重点学校制度、"教育产业化"，这三者在今天已形成互相支撑和促进的格局，而"教育产业化"所起的作用尤其恶劣，导致了早已有之的应试教育和学校等级制度变本加厉。

倘若要进一步探究"教育产业化"的由来，我们就不能不探究政府职能。作者认为，短缺和失衡是两个制度性问题。一方面，教育投入的总量不足，低于许多比中国穷的国家。另一方面，教育经费的分配不合理，等级化学校制度得以存在并发展。事实上，"教育产业化"一直是在政府的许可下进行的。在此过程中，地方政府、教育主管部门、重点学校形成了利益共同体。改变中国教育不公平的现状，千难万难，最大的困难是在这里。

按照我的理解，本书在相当程度上是在向政府建言。作为一个纯正的学者，杨东平既有正义感和责任心，又有科学的、理性的、建设性的态度。我期待本书会引起政府和教育界一切有识之士的重视与思考，对于改善我国教育不公平的状况将发挥其应有的积极作用。

2007年12月

人文精神是大学一切责任的内核

　　杨振宁先生近日在乌鲁木齐发表谈话，断言中国大学的教育非常成功。此言一出，舆论哗然，一片反对声。有趣的是，以杨先生的巨大名望，也几乎无一人真正为他辩护，至多只是以他说的是"客气话"替他解嘲。我把这看作民意的一个可靠检测，表明国人对于教育现状的不满已经到了何等普遍和不可调和的地步。

　　杨先生赞美中国大学教育的理论依据是他对大学责任的看法。虽然他宣称这是全世界的共识，但我不认为全世界在如此复杂的价值观问题上能够达成共识，因此宁可视为他的个人看法。他把大学的责任归结为三项，即教育年轻人、做尖端研究和为社会服务。我想稍微做一点儿分析。

　　杨先生说，他先后在美国和中国为大一学生上物理课，发现中国学生比美国学生基础更扎实，学习更努力，比如三角方程式能够脱口而出。究其原因，则是中国学生在中学时代训练题目做得好。根据这个"亲身体会"，他断言："中国对学生的中学时代基础教育是成功的。"

又进而断言："从教育年轻人的角度讲，中国大学的本科教育非常成功。"杨先生显然是在赞美中国的应试教育。应试教育当然有其效用，即知识的灌输量大，知识的短时记忆牢固，可是，据此怎么能证明基础教育的成功呢？应试教育所牺牲掉的那些因素，比如好奇心的保护和培养、享受智性快乐的能力、独立思考的能力、分析和解决问题的能力，本应是基础教育更重要的方面，都被杨先生忽略掉了。因此，即使把"教育年轻人"这个角度局限于智育，杨先生对智育的理解也有舍本求末之嫌。

对于一个国家或一所大学来说，其科学研究水平与基础教育水平之间有着直接的联系，基础教育的缺陷必然会在科学研究中反映出来。智育的目标定位于特定知识还是爱因斯坦所说的内在的自由，怀特海所说的在知识面前拥有自由的能力，结果完全不同。从根本上说，西方科学之所以发达，实赖于对人的智力品质的尊重，对超越于功利的纯粹智力活动的热爱。在科学研究的领域，中国大学与世界大学的差距悬殊，杨先生无法否认这个有目共睹的事实，但是，由于他回避从文化传统上寻找根源，便简单地把原因归结为"中国经济发展起步较晚"了。

关于大学为社会服务这个责任，杨先生笼统地断言："中国大学对社会的贡献非常大，这一点不容置疑。"恰恰这一点遭到了最多的质疑，质疑集中在中国大学教育的不公平性上，尤其是学费猛涨导致的对于贫困阶层的歧视，这种歧视每天都在制造悲剧。我还想从另一角度提出质疑：与社会的尺度相比，教育是否还应该有一个更重要的尺度，即人性的尺度？大学诚然要为社会输送人才，问题在于输送怎样的人才。杜威有一个著名论点：教育即生长，在生长之外别无目的。这就是说，衡量教育成败的标准应是受教育者天性和能力的健康生长。事实上，倘若坚持这个标准，大学就能为社会输送本质上真正优秀的人才，无疑是为社会最好的服务。相反，如果用急功近利的近视眼光看待为社会服务，结果就会像今天这样，把大学办成了一个职业培训场。

其实，上面所说的道理皆是常识，杨振宁先生长期受西方文明熏陶并做出了巨大成就，不可能不懂这些道理。因此，我宁可把他对中国教育现状的赞美看作一时失言。他的失言提供了一个机会，使我们得以重新审视中国教育的现状，未必不是好事。我的感觉是，他仿佛在用另一种方式提醒我们：人文精神是大学一切责任的内核，丧失人文精神的大学是最不负责任的大学，因而不再是真正的大学。

2005年8月

快乐工作的能力

，

中央电视台经济频道开展"年度雇主调查"活动，并以"快乐工作"为本次雇主调查的年度主题和核心价值观。我觉得"快乐工作"是一个有意思的题目，愿意谈一谈我的理解。

我们在这个世界上生活，快乐是人人都想要的东西。不过，在多数情况下，快乐与工作好像没有什么关系。相反，人们似乎只有在工作之外才能找到快乐，下班之后、双休日、节假日才是一天、一周、一年中的快乐时光。当然，快乐是需要钱的，为此就必须工作，工作的价值似乎只是为工作之外的快乐埋单。

工作本身不快乐，快乐只在工作之外，这种情况相当普遍，但并不合理，因为不合人性。

什么是快乐？快乐是人性或者说人的需要得到满足的一种状态。人性有三个层次。一是生物性，即食色温饱之类生理需要，满足则感到肉体的快乐。二是社会性，比如交往、被关爱、受尊敬的需要，满足则感到情感的快乐。三是精神性，包括头脑和灵魂，头脑有进行智力活动的需要，灵魂有追求和体悟生活意义的需要，二者的满足使人感到的是精神的快乐。

精神性是人的最高属性，正是作为精神性的存在，人与动物有了本质的区别。同样，精神的快乐是人所能获得的最高快乐，远比肉体的快乐更持久也更美好。对于那些禀赋优秀的人来说，这一点是不言而喻的，如果让他们像一个没有头脑和灵魂的东西那样活着，他们宁可不活。获得精神快乐的途径有两类：一类是接受的，比如阅读、欣赏艺术品等；另一类是给予的，就是工作。正是在工作中，人的心智能力得到了积极实现，人感受到了生命的最高意义。如同纪伯伦所说：工作是看得见的爱，通过工作来爱生命，你就领悟了生命的最深刻秘密。

当然，这里所说的工作不同于仅仅作为职业的工作，人们通常把它称作创造或自我实现。但是，就人性而言，这个意义上的工作原是属于一切人的。人人都有天赋的心智能力，区别在于是否得到了充分运用和发展。现在我们明白快乐工作与不快乐工作的界限在哪里了：仅仅作为谋生手段的工作是不快乐的，作为人的心智能力和生命价值的实现的工作是快乐的。用马克思的话说，前者是一个必然王国，后者是一个自由王国。

毫无疑问，在现实生活中，我们都还必须为谋生而工作。最理想的情况是谋生与自我实现达成一致，做自己真正喜欢做的事情，同时又能借此养活自己。能否做到这一点，在一定程度上要靠运气。不过，我相信，在开放社会中，一个人只要有自己真正的志趣，终归是有许多机会向这个目标接近的。就个人而言，最重要的还是要有自己真正的志趣，机会只可能对这样的人开放。也就是说，一个人首先必须具备快乐工作的愿望和能力，然后才谈得上快乐工作。

正是在这方面，今天青年人的情况令人担忧。中华英才网发起的"中国大学生最佳雇主调查"表明，在大学生对雇主的评价中，摆在首位的是全面薪酬和品牌实力两个因素。择业时考虑薪酬不足怪，我的担心是，许多人也许只有这一类外在标准，没有任何内心要求，对工作的唯一诉求是挣钱，挣钱越多就越是好工作，对于作为自我实现的工作毫无概念，那就十分可悲了。

事实上，工作的快乐与学习的快乐是一脉相承、性质相同的，基本的因素都是好奇心的满足、发现和创造的喜悦、智力的运用和得胜、心灵能力的生长等。一个学生倘若在学校的学习中从未体会过这些快乐，在走出学校之后，他怎么可能向工作要求这些快乐呢？学校教育的使命是让学生学会快乐地学习，为将来快乐地工作打好基础。能够快乐地学习和工作，这是精神上优秀的征兆。说到底，幸福是一种能力，它属于那些有着智慧的头脑和丰富的灵魂的优秀的人。要成为一个优秀的人，首先要把成功看作优秀的副产品。不求优秀，只求成功，求得的至多是谋生的成功罢了。

毋庸讳言，今日的学校乃至整个社会存在着严重的急功近利倾向，对于培养快乐学习和工作的能力不是一个有利的环境。把大学办成职业培训场，只教给学生一些狭窄的专业知识，结果必然使大多数学生心目中只有就业这一个可怜的目标，只知道作为谋生手段的这一种不快乐的工作。这种做法极其近视，即使从经济发展的角度看，一个社会是由心智自由活泼的成员组成，还是由只知谋生的人组成，何者有更好的前景，答案应是不言而喻的。对于企业来说也是如此，许多企业已经强烈地感觉到，那些只有学历背景和专业技能、整体素质差的大学生完全不能适合其发展的需要。教育与市场直接挂钩，其结果反而是人才的紧缺，这表明市场本身已开始向教育提出质疑，要求它与自己拉开距离。教育应该比市场站得高、看得远，培养出人性层面上真正优秀的人才，这样的人才自会给社会——包括企业和市场——增添活力。

近几年来，国内若干人才中介机构和媒体相继举办雇主调查和雇主品牌评选活动，这样的活动无疑是有意义的。不过，我认为，其意义不应限于促进雇主与求职者之间的沟通，更重要的意义也许在于调查研究人才供需脱节的问题及原因，促使人们对今天流行的教育观、人才观、价值观进行深刻的反省。

2005年10月

导师岂能成"老板"

在中国的高校中，研究生把自己的导师称呼为"老板"，已是相当普遍的现象。如此称呼，倘若只是顽皮的戏称，或只是对时尚的表面追随，倒不足为虑。但是，情况看来并非如此。事实上，"老板"称呼在校园里流行开来，有着非常实在的原因，反映了师生关系的某种令人担忧的变化，因此值得我们重视。

当研究生们如此称呼自己的导师时，所表达的是一种打工者的心态，更确切地说，是对自己打工者地位的一种认识。在相关调查中，研究生们对此并不讳言。现在，导师申报课题，然后让学生为其查资料、做调查或实验、写书稿、完成课题，甚至分派学生做各种杂事和家务，绝非个别现象。这样做时，导师会从课题经费中拿出一个零头，支付给所"雇用"的"廉价劳动力"。相关"成果"出版时，学生也许能获得在老师名字后面署名的荣幸，也许只好充当无名英雄。许多研究生表示，他们愿意为老师做事，只希望所做的事情有一定学术含量，能够真正学到一些东西，可惜情况往往不是这样。然而，为了拿到学位和文凭，他们只好接受这种"包身工"的地位。

导师之成为"老板"，一凭手中有决定学生能否毕业的权力，二凭手中有经费。现在的大学教师全然不是从前的贫寒书生了，尤其是那些现行体制的宠儿，除了高额津贴外，还有更高额的课题经费。一个众所周知的事实是，近些年来，在中国，教育和科研经费的投入有了大幅增加，其中相当一部分通过课题立项的方式发放到了教师个人名下。让我们在这里停留一下，因为正是课题经费的运转机制与今日教育的现状——包括导师变成"老板"——之间有着微妙的联系。

在行政主导的体制下，行政部门掌握着审批课题项目及经费的权力。在审批中，种种非学术的因素，包括申报者的职位、人际关系、公关本领等，不可避免地会发生作用。然后，按照同样的行政主导逻辑，又以能否得到项目和所得到项目的级别为标准，来衡量教师的科研能力。例如前不久，吉林大学让四十五名博导下岗，所根据的正是这样的标准。据报道，该大学规定，博导必须承担国家、省部级科研课题或主持其他重要项目，有必要的科研经费，文科项目经费必须每年在三千元以上。在许多大学，通行的是类似的规则。拿不到课题就下岗，或者虽然未必下岗，至少学术地位低下，越是经常拿到课题，课题的级别越高，经费越多，学术地位就越高，这样的评价机制当然会促使教师们竭力向行政权力靠拢，把心思用在争项目和经费上。那些不善于或不屑于这样做的教师，即使有良好的科研能力或教学成绩，仍会被无情地淘汰。

很显然，这样一种机制所鼓励的，不会是脚踏实地的学术研究。竞争中的优胜者，为了保持其优胜地位，必须尽可能快速地完成所拿到的课题，即所谓"结项"，以便投入下一轮的争夺战，不断拿到新的课题。快速完成课题的最现成办法就是让学生们去做，于是，导师成了"包工头"，专管拿项目，学生则成了替老师干活的"劳动力"。研究生扩招为此提供了便利条件，使导师有了充裕的"劳动力"。如今，一个导师带几十个研究生是常事，俨然一个大作坊。有的导师担任官职，容易拿到大项目，自己又是忙人，就更要靠学生来替他完成项目了。

如此制造出来的"成果"究竟有多大价值，应是不难想见的。近年来，学术著作抄袭的丑闻时有曝光，往往还引发了著作权官司，其中不乏上述师生作坊中生产出来的产品。学生反正是在替老师干活，能偷懒就偷懒，有的是能力所限，只好找捷径，还有的可能是恶作剧式的报复。即使老师亲自制作，若以多拿课题为目标，同样不免会粗制滥造，甚或投机取巧。有识之士业已指出，与教育和科研经费大量投入成对照的是，在同时期，我国教育和科研的水平却明显下降。例如，菲尔兹奖唯一华人得主丘成桐指出：虽然经费大量增加，但这十年来北大数学院培养的学生素质比十年前相差很远。国家图书馆前馆长任继愈指出：国家图书馆收存的各学科博士论文水平逐年下降。中国科学院前院长周光召指出：增选院士的总体水平一届不如一届。回顾整条生产线，大量课题经费换来的结果竟是大量学术垃圾，以及一部分教师的"先富起来"。当然，更严重的后果是，在"逼良为娼"、劣胜优汰的机制下，我们的教师队伍正在发生可怕的蜕变，一届届学生被耽误了。长此以往，真会毁掉我们的教育。

"老板"称呼的流行仅是一个表征，令人痛心的是它所反映的教师职业的异化和师生关系的功利化之趋势。教育原是神圣的精神事业，师生关系本应是最纯粹、最具精神性的关系。现在人们讨论大学改革，依我看，大学教育的核心问题就是要有一批心灵高贵、头脑活跃的学者，靠他们去影响学生，而体制优劣的标准就在于能否吸引和保护这样的学者。怀特海指出："大学存在的理由是，它使青年和老年人融为一体，对学术进行充满想象力的探索，从而在知识和追求生命的热情之间架起桥梁。"人们不禁要问：在今日的大学中，这样一种美好的师生关系到哪里去寻找？大学又如何来证明其存在的理由？罗素说：教师爱学生应该胜于爱国家和教会。针对今日大学里的情况，我要强调：更应该胜于爱职称和经费。爱学生是教师的第一职业道德，学生是办学校的理由之所在，教师永远要把学生看作目的而不是手段。事实上，对于教师人品和教学的优劣，学生基本上是心中有数的。因此，在评聘教师包括博导时，除了同行评议外，理应更多地听取学生的心声，把那些在心智上真正能给学生以良好熏陶，因而受到学生欢迎的教师选拔上来，而不是像现行体制下时常发生的这样，竟然因为他们拿不到课题就把他们淘汰掉。

2006年1月

研究生为导师"打工"很不正常

1月15日，我在《新京报》上发表《导师岂能成"老板"》一文，对现在大学里导师让研究生为自己"打工"的现象提出批评。1月22日，《新京报》刊登李宝元先生《研究生为导师"打工"很正当》一文，对我的观点表示异议。近几天我把我的文章贴在新浪博客上，引起较大反响，有许多赞同的，也有一些反对的。这使我感到，有必要就这个话题继续阐明我的看法。

李先生在文章中说："研究生跟随导师做课题是'研究生'的题中之义，是他们'天经地义'的分内工作和责任义务，是他们'上研究生'即研究生教育本身必须经过的'教学研究环节'。"针对我批评"导师申报课题，然后让学生为其查资料、做调查或实验、写书稿、完成课题"，他认为：让学生做这些事是很正常的，因为"任何科研项目都需要从这些最基本、最基础的工作开始"。博客上也有类似的评论，认为在导师指导下做这些事"才符合研究生的定义""故从某种角度来说研究生应该就是帮老师干活的'劳动力'"。

有一点是清楚的：我当然不会反对研究生在导师指导下从事查资料、做调查或实验、写论文等基本的训练，我反对的是这些事情都围绕着导师的课题来做，把跟随导师做课题作为培养研究生的基本方式。

我的理由之一是，如果导师对于申报课题这件事是认真的，所申报的课题就应该是以他本人长期的知识积累和学术兴趣为基础的，是他的整体研究计划的组成部分。因此，严格地说，这个特定的课题只有他自己能够完成，别人无法代劳。在学术研究中，即使像查资料这样的工作亦绝非纯粹工具性、技术性的，在对资料的选择、阅读、甄别、整理的过程中贯穿着紧张的思考，它同时就是研究者形成、拓展、修正思路和解决问题的过程。根据我的经验，我不能想象，如果不是自己查资料，我该怎么研究所选定的论题，如果让别人或学生替我查资料，我又怎么能放心。一般来说，导师的水平应该比学生高许多，如果导师所申报的课题可以主要由学生来完成，我们就有理由怀疑他的学术水平，或者怀疑他所申报的课题的学术价值。不应该把学者的科研课题降低到学生作业的水准，这个道理不言而喻。我不排除有的学生确有兴趣和能力参加导师的课题，在这种情况下，就应该如实地把他们当作合作者而不是打工仔，并给予他们以合作者的待遇。

我的更重要的理由是，研究生在校期间的主要任务是培养独立思考和研究的能力，为在相关专业领域从事研究工作打下扎实的基础。为了实现这个目标，研究生培养理应以学生为本位，根据每个学生的知识结构和兴趣方向制定相应的教学和指导方案。这不是什么难事，事实上，十几年前在中国，现在在许多国家，导师带学生的基本方式一向是以学生的学位论文为中心，把主要精力用在指导学生作论文上。

正是在写论文的过程中，学生得到了查资料、做调查或实验、写作等基本的训练。是以导师的课题为中心，还是以学生的学位论文为中心，其间有天大的区别，前者是学生为导师打工，后者是导师为学生服务。李先生责问："不跟导师做课题，来'上研究生'干什么？"其实真正应该问的问题是：不尽心尽力指导学生作论文，招研究生干什么？我读博士生时，导师也有自己的研究计划，但从来不需要我为之做任何事。相反，对于我所选定的论文题域，他虽已相当熟悉，仍为指导我而做了大量阅读和思考，把为学生服务视为自己"天经地义的分内工作和责任义务"。曾几何时，学生为导师打工成了"天经地义的分内工作和责任义务"，真令人感慨世道之巨变。我不否认，打工也能学到一点儿东西，但是，做什么不能学到一点儿东西呢？国家投入这么多钱，学生自己花费这么多钱和精力，学到这一点儿东西就够了吗？

综上所述，我的看法是，研究生培养应该回到导师指导学生写学位论文这个基本方式上来，至于导师的课题，原则上应视为导师自己的事，由导师自己去完成。现在要这样做，肯定会遇到困难。困难之一是，有些导师有太多课题要做，不让学生打工，自己哪里做得过来？可是，这算什么困难呢？做不过来就少申请一点儿，量力而行，本来就应该只申请自己真正感兴趣而又力所能及的课题。困难之二是，研究生水平普遍太低，用李先生的话说，许多学生连"打工能力"也没有，要指导他们写出高水平学位论文谈何容易。同时，现在一个导师往往带许多学生，哪里指导得过来。这个困难是由这些年的盲目扩招造成的，所以解决的方法也很简单，就是制止盲目扩招，一方面保证招生的质量，另一方面也使招生的规模符合导师的指导能力。请不要以研究生的数量会供不应求为理由来反驳，就研究生而言，市场需要的是有独立研究能力和创新能力的人才，而不是一大批有学历的打工者。

学生为导师打工，导师会从课题经费中拿出一些给学生作为劳务费。据我了解，一个工科研究生每天从早到晚在实验室里干活，一个月可领到两百至三百元。多数学生对此不满，但也有学生表示，这一点儿收入对于自己是重要的，而给老师打工总比打别的工有益。知道了这些情况，我感到难过。若干年前，所有研究生不但不需要交费，而且有助学金，无须为生活发愁。这些年来，大学里的一个明显变化是，老师富多了，学生穷多了。也许这是有些学生只好为老师打工的一个原因，但我不认为这是正常的。教育经费的使用应该向学生倾斜，而倘若通过收缩招生和削减课题节省了开支，给每个研究生发放助学金或奖学金，使他们都能专心于学业，就是完全可以办到的事了。

2006年2月

叩问高校经费实情

今年1月5日，武汉市中级人民法院审理了湖北大学原副校长李金和涉嫌受贿一案。在此之前，湖北省纪委通报了近三年来包括李金和在内十名高校贪官的典型案例。高校领导干部经济犯罪的问题由此浮出水面，引起广泛关注。

目前被揭露的主要是主管基建和后勤的官员，这方面的经费收支是硬性的，有账可查，问题比较容易暴露。我们不能不想到，高校还有大量软性的经费收支，其中是否也存在着腐败现象。比如说，高校经费中有一大块是科研经费，其分配时暗箱操作严重，"小项目大审，大项目小审，超大项目不审"，助长了权力寻租、"跑部钱进"、行贿受贿等行为，早已引起教育和科研界正直人士的不满。在分配到课题组或个人之后，经费的使用也缺乏有效的管理，相当一部分实际上变成了个人的灰色收入。按照惯例，一个项目拿到手，个人可以从相关经费中"合法地"提成，其余部分也可以用与科研无关的个人消费单据报账。有时候，往往是在年终，为了结清旧项目和拿到新项目，还会出现突击花钱的情景。至于项目的结项，基本上是走过场，并不需要拿出真正经得起检验的成果。丘成桐院士曾经沉痛地指出：中国这十年来在教育和科研上投了不少钱，投进去以后，却不问成果如何。他举例说：有些人同时在几所大学任职，从不同途径获得大量科研经费，但没有做多少科研工作；北大聘的某著名教授在国内得到的年薪已达一百万以上，却没有履行工作合同，大部分时间根本不在国内。

上述情况表明，加强对高校经费收支的管理和监督，已是刻不容缓之事。去年，国家审计署把教育经费纳入审计范围，实为有的放矢之举。在审计中，不但要清查贪污腐败等犯罪行为，更要清查经费支出的效益，即是否真正用于教育和科研并取得成绩。《审计法》规定，审计监督的内容为"财政收支和财务收支的真实、合法和效益"。审计长最近强调对效益进行审计的重要性，指出：由于决策失误、管理不善，造成效益低下、损失浪费等，这类问题带来的危害有时不亚于贪污腐败。教育领域并不例外，何处对效益漠不关心，何处就为贪污腐败提供了可乘之机。

当然，审计只能起检查和监督的作用，从根本上解决问题还要靠体制的改革和完善。现行官本位体制的一大弊病是鼓励在位者搞形象工程、政绩工程，而形象工程、政绩工程是最不问效益的，也是最喜欢做出慷国家之慨的"大手笔"的。近些年来，形象工程在教育界蔓延的趋势不容低估，绝不亚于一些地方政府部门。各地高校通过大合并打造所谓"航空母舰"，争相把院系提级升格，以好几倍的规模急剧扩大招生，纷纷标榜创办世界一流大学，所追求的恰恰是形象而不是效益。衡量教育的效益，第一标准是教育质量，亦即所培养出的合格人才和优秀人才的数量。大量资金投进去，如果产出的只是大校舍、大招牌、大编制，教育质量却降低了，从教育上看就是低效益、大浪费。同样，在科研的管理上，把大量财力投在并无相应社会效益或学术价值的大项目上，用完成项目和发表论著的数量证明领导学术的政绩，其实也是一种形象工程，至于所产出的是真正的成果还是学术垃圾，就非所关心的了。

去年11月，北京大学主办第二届北京论坛，邀请老布什出场。据报道，举办该论坛共花费一百万美元，其中十分之一花在老布什的出场费上。老布什做了二十分钟演讲，最重要的一句话是："如果中国能够和平崛起，我就对这个世界充满信心。"（《南方周末》2005年11月24日）十万美元，多么昂贵的一句话！当时读到这个报道，我立刻想到的是那些贫困大学生，如果这笔钱用来救助他们，可以使几十人顺利完成学业啊。这些年来，在学界和政界，举办论坛成风，以请到国外名流为荣，一次论坛动辄耗资百万元、千万元，有的甚至上亿元，其中多数效益究竟如何大可质疑，很可能只是一种新形式的形象工程罢了。

问题的严重性在于，中国是一个发展中国家，虽然近些年政府财政预算对教育的投入有大幅增加，但即使与其他发展中国家相比也仍是偏低的。与此同时，在市场化的名义下，近些年高校收费普遍上涨。高校经费由两块组成，一是国家财政的投入，二是向学生收费。2003年的统计数字是，前者约七百亿元，后者约四百亿元。一个发展中国家，无论是纳税人的钱，还是学生家长交的钱，都来之不易，本应扎扎实实用于教育，容不得挥霍。由于学费上涨，加上社会贫富差别扩大，高校贫困生的大量存在已经成为一个严重社会问题，城市贫民和普通农民家庭的子女即使考上大学也无望筹到高额学费，学生或家长为此自杀的悲剧时有发生，许多贫困生不得不在入学前放弃或在入学后中断学业，顽强坚持者也往往被债务所困，为维持生存而苦苦挣扎。面对这种情况，我们更应要求高校经费收支做到透明、合理、有效，真正取之于民、用之于民。说到底，学生是学校的主体，是办学的理由和目的之所在。因此，在经费的收支上，一方面尽量减轻学生的经济负担，另一方面尽量向学生提供优质的教学和服务，原是当然的道理。我们至少可以相信，如果遏制了经费使用中的腐败、浪费和灰色薪酬，把这些钱用在学生身上，高校贫困生的人数会减少，日子也会好过一些。

2006年2月

第九辑

讲演辑录

人生中最值得珍惜和追求的东西，
就是教育应该让受教育者得到的东西。

人文精神与教育

第一部分
教育的目标是实现人的价值

我今天的讲演题目是《人文精神与教育》，因为在座的都是大学生，面对同学们，我想从人文精神的角度着重谈一谈我对教育的理解。

同学们一路拼搏，终于进了大学，当然都是抱有一定的目的的。究竟要达到什么目的呢？为什么要上大学？想从大学得到什么？可能许多同学最主要的目的是要拿到文凭，有比较高的学历，当然也要学到一点儿知识，这些都是谋职的资本，然后能够找到一个好的工作。抱着这样的目的，我觉得无可非议，但还远远不够。如果只有这一个目的，你就仅仅是受了职业培训，不能算是真正受了大学教育。如果大学仅仅做到这一点，大学也只是起了一个职业培训场所的作用，不能算是真正的大学。但是，这正是我们今天大学的现状。我认为中国教育现在的一个严重问题就是太急功近利，大学基本上成了职业培训场，这当然不是学生的问题，而是体制的问题，这种体制使大学变成了职业培训场，迫使学生也把职业培训当成了上学的主要目的甚至唯一目的。那么，怎样的教育才是合格的教育呢？我认为这就要从人文精神来谈了。

现在许多人在谈教育的理念、大学的理念，在我看来，这个理念应该就是人文精神。人文精神是教育的灵魂，它决定了教育的使命、目标和标准，没有人文精神，教育就没有灵魂，就是徒有其表。当今教育的种种问题，归结为一点，实际上就是人文精神的失落，而且失落得相当全面。

什么是人文精神呢？我理解的人文精神，简单地说，就是现在人们经常说的"以人为本"。也就是说，要把人放在最重要的位置上，要尊重人的价值。具体到教育上，就是要把人身上的那些最宝贵的价值通过教育实现出来，一种合格的教育就应该是把学生身上那些人之为人的价值放在最重要的位置上的，应该是能够让学生把这些价值实现出来的。教育就是育人，就是要把学生培育成真正的人，亦即人的宝贵禀赋都得到发展的人，而不是仅仅能够满足社会上、市场上某种需要的人。简要地说，人文精神的核心是尊重人之为人的价值。与此相应，教育的根本使命就是要实现人之为人的价值。

那么，人身上到底有哪些价值是最宝贵的，是人文精神所尊重的，因而是教育应该促进它们实现的呢？我认为人身上有三样东西是最宝贵的。第一个是生命，生命对于每个人来说都是最宝贵的，没有生命其他一切都谈不上。第二个是头脑，人是有理性能力的，有智力活动的。第三是灵魂，人是有精神需要、精神追求、精神生活的。所以，与这三样东西相应，为了实现这三样最宝贵的东西的价值，我们就有相应的教育项目。现在与生命相应的教育是体育，我认为范围狭小了一点儿，应该扩大，成为生命教育。可惜"生命教育"这个词没有办法简称，简称就成了生育，比体育还狭窄，成了光教你生孩子了。针对头脑的教育，我们有智育，就是智力教育，这个词很准确，但我们现在的做法有问题，我下面再讲。相对于灵魂来说，我们有德育，就是道德教育，我觉得还不够，应该加上美育，也就是审美教育。德育和美育都是灵魂教育，如果说德育的目标是灵魂的高贵，那么美育的目标是灵魂的丰富。因此，我认为在学校里应该有这样四种教育，就是生命教育、智力教育、道德教育和审美教育。

一、生命教育：实现生命的价值

首先谈一下生命教育。生命教育包括体育，但体育只是生命教育的一个部分。体育就是身体教育，以健康的身体为目标。如果一个人只是身体健康、体格强壮，却不懂得热爱生命、尊重生命、享受生命，健康有什么意义？所以，我主张把体育扩展为生命教育，生命教育的目标是培育对生命的尊重。

生命是最基本的价值，我想这一点是毫无疑问的。人只有一次生命，这个生命是他一生中所有其他价值的基础。有一所学校开展生命教育，请我题词，我题了三句话：热爱生命是幸福之本；同情生命是道德之本；敬畏生命是信仰之本。一个人只有热爱生命，对生活充满兴趣，才有可能感到幸福。那种生命力乏弱的人，心如死灰的人，是不会有什么事情能让他开心的。同情生命是道德之本，这是中西哲学家的共同看法，人类的一切道德都发端于同情心，都建立在同情心的基础之上。对生命怀有敬畏之心，因为生命的奇妙而相信它有着神秘的来源，这是有信仰的人的共通感情。信仰的本质就是相信生命具有某种神圣的性质。无论你信基督教、信佛教，还是什么教也不信，如果你对生命的神秘性有一种领悟，你可能就是一个有信仰的人。

那么，怎样才算尊重生命呢？我想，一个是要珍惜自己的生命。现在学校里屡屡发生中学生、大学生自杀的事件，当然这里面有社会的原因，包括现行教育体制的问题、应试教育的压力、生存的压力，等等。但也有学生自己的原因，就是把生命看得太轻，一时想不开就结束了自己的生命。尊重生命还包括应该享受生命，上帝给了你唯一的一次生命，干吗不享受啊。从某种意义上说，享乐主义是正确的，活着时不行乐，以后就再没有机会了。生命本身所具有的欲望都不是罪过，禁欲主义是完全违背人性的。有健康的生命本能，能够感受到生命的乐趣，这是人生的强大动力。比如说恋爱，我觉得恋爱就是一种推动人向上的动力。我读初中时暗恋一个女生，使劲在她面前表现自己，为了让她佩服我，毕业时我报考上海最好的中学，就是上海中学，结果考上了。我上大学时，大学生是不准恋爱的，这真是没有道理。当然更不准发生性关系，这种事如果被发现，就必被开除学籍。现在大学生在这方面已经很自由了，不过太自由也有弊病，你可能沉湎在花前柳下，革命意志衰退。所以说我不反对及时行乐，关键是行怎样的乐。快乐有层次的高低，有些人往往沉溺于较低层次的快乐，从来不知道高层次的快乐是什么，真正的享受生命应该更注重高层次的快乐。另外我还想强调，尊重自己的生命，最重要的是要有对自己的生命的责任心，有意义地度过一生。

在尊重自己生命的同时，当然也要尊重他人的生命。刚才我说了，同情心是道德的开端和基础，一个没有同情心的人是不可能讲道德的。现在社会上，同情心是越来越弱了，善良成了一种稀有品质，这是很可悲的。不但在社会上，而且在大学里，诸如杀人这样的恶性案件也越来越多，包括骇人听闻的马加爵杀人案，最近还发生了复旦学生虐杀流浪猫的事，表现出对生命的冷漠甚至残忍。

所以，我觉得，在学校里开展生命教育，把生命教育作为最基本的人生观教育，不但很有必要，而且十分迫切。如果学校里培养出的人不爱生命，没有人性，无疑是教育的最大失败。教育的第一个目标，应该是使学生成为热爱人生的人，同时是善良的人。生命教育如何开展，还需要好好研究，基本内容应该是引导学生善待自己的生命，由此推己及人，善待一切生命。这是我要说的第一个点，就是生命教育。

二、智力教育：实现头脑的价值

第二点是智育，就是智力教育。智育是学校教育的主要任务，学生在学校里的大部分时间是在接受知识方面的教育，所以我对这个问题要着重谈一谈。

智育的目标是实现头脑的价值。现在对智育流行一种狭隘的理解，就是把它仅仅理解为知识的灌输，甚至归结为考试的分数、职业的技能。头脑的真正价值不在这里，你这样做只是把宝贵的头脑当成了一个容器，一个工具。智育的真正目标应该是让学生的智力得到健康生长，鼓励和培养他们对智力生活的爱好，使他们懂得享受智力生活的快乐。

在人的智力品质中，第一重要的品质是好奇心。人类所有智力活动的形式，比如哲学、科学，都是从好奇心开始的。好奇心是天生的，每个人在智力生长到一定阶段都会显现出来，实际上是一个人的理性觉醒的朕兆。从我的孩子身上，我就看到了这一点。在很小的时候，她就会问很多让人很意外的问题，问得最多的是五岁的时候，还没上小学，上小学后这样的提问就少一些了。所以我认为，从幼儿园到上小学，孩子的哲学水平是下降的，大约因为越来越接受老师给的现成答案了吧。你们听听她五岁时都问什么样的问题。有一段时间，她经常说"我不想长大"，又说要是没有时间该多好呀，我估计她是知道了人长大就会变老，她不愿意变老。那些天里，她就老问什么是时间，时间是怎么回事，我怎么跟她讲得清楚？但她自己在那里琢磨，有一天她说："我知道时间是怎么回事了，时间是一阵阵过去的，譬如说刚才我说的那句话，刚才还在，现在不在了，想找也找不回来了，这就是时间。"她知道时间一去不复返的性质了。还有一回，她问妈妈："世界的外面是什么？"妈妈随口说："那还是世界吧。"她不满意这个回答，想了一会儿，就说："世界的外面是世界的下一曲。"她听光盘，一曲完了还有下一曲，她用这个比方说明世界是无限向外延伸的。还有一回更神了，她问我："爸爸，在世界的另一个地方会不会有另一个我？"我一听就毛骨悚然，赶紧打岔说："可能吧，说不定你还会遇到她呢。"我是不想让她想这个问题，没想到她听了很生气，说："不会的！"然后转过脸对妈妈说："有一天，你老了以后，在世界的另一个地方又会生出一个人来，那个人跟你长得完全不一样，但她就是你。"她说的是轮回啊。你们不要以为她是受了我的影响，实际上我非常小心，从来不同她谈这些大问题，这些问题都是在她头脑里自发产生的。有一本书的书名是《孩子都是哲学家》，我完全相信这个论断。你们为人父母之后，留意一下，肯定有一段时间孩子会提大量的这样的问题。现在大人对待孩子这样的提问一般是三种态度：一种是置之不理；一种是顶回去；还有一种是自以为聪明地给孩子一个简单的回答。这些做法都很粗暴，其实所有的哲学问题都是没有答案的，对待孩子这种提问的最好办法就是鼓励孩子继续想。我在这种情况下往往这样说："宝贝你提了一个特别好的问题，可是爸爸回答不出来，我们一起慢慢想。"我觉得孩子的这种好奇心特别可贵，一定要鼓励和保护，决不能挫伤它。

好奇心是非常可贵的，但也很容易被扼杀和磨灭掉。在我看来，好奇心有两个最大的敌人。一个是习惯，往往是随着年龄的增长，对一些事物见多了，习以为常了，就自以为懂了，其实哪里是懂了，不过是麻木了罢了！真要你讲出其中的道理，就讲不出来了。好奇心还有一个更大的敌人，就是功利心。出于好奇心提的问题大多是无用的，但是关系到人的灵魂，我们往往因为它们无用就认为它们没有什么意义，就把它们过滤掉，这种功利心不知扼杀掉了多少好奇心！我觉得我们的教育就存在这样一个问题，不光是教育，我们的文化都有这个特点，就是追求实用性，无论对什么事物，首先就问有没有用。我看过一个笑话，我觉得编得很有意思。在一个国际夏令营里，老师让孩子们讨论一个问题，题目是"世界粮食匮乏问题"，孩子们都不明白这个题目，但原因不同。美国孩子问：什么是世界？他太狂了，美国就是一切，不知道美国之外有世界。非洲孩子问：什么是粮食？他太穷了，没有见过粮食。欧洲孩子问：什么是匮乏？他太富了，不知道有匮乏这种事。中国孩子问什么呢？他问：什么是问题？这是讽刺中国孩子没有好奇心，我觉得基本上符合事实。

从好奇心这一点来看教育，在教育中，兴趣是非常重要的，是教育第一要保护和鼓励的东西。杜威说，兴趣是一个人的能力的可靠征兆。事实也是这样，你做什么事情特别感兴趣，那你肯定在这个方面是有天赋的。学习有没有成效，关键是有没有兴趣。一个人在学习和研究自己感兴趣的东西时，精神处在一个非常快乐的状态，他真正是在享受。享受什么？就是享受智力活动本身的快乐。在这个时候，心智的运用本身就是快乐，就成了最大的快乐源泉。这就是古希腊人所看重的智性的快乐。一个善于享受这种快乐的人，他的心智始终处于活泼状态，这样的人是最容易出成就的。事实上，对世界充满兴趣是天才的主要品质。人们常常说天才就是勤奋，并且以为勤奋就是死用功，其实完全不是这样，他是太喜欢他所做的事情了，欲罢不能，在旁人看来他就是很勤奋，其实他是在享受，但是你不知道！所以，教育最重要的任务就是要培养和保护学生的兴趣。看一个学生的智力素质好不好，第一个尺度就是看他对事物有没有好奇心，对知识有没有兴趣。具体的兴趣点是可变的，在一段时间里，你也许对某个领域、某个问题更感兴趣，以后又转移到另一个领域和问题。但是，充满兴趣的状态是一贯的，享受智性快乐的状态是一贯的，只要你能保持这样的状态，不出成就都难。

智力品质的另一个要素是独立思考的能力。所谓独立思考的能力，就是对于任何理论、说法，你都要追问它的根据，在弄清它有无根据之前，你要存疑。笛卡尔所说的怀疑一切，意思就是对未经独立思考过的一切要存疑，这其实是思想者的必备品质。爱因斯坦把独立思考能力称作人的内在自由，并且认为教育的目标就在于培育这种内在的自由，而不在于灌输特定的知识，不在于培养专家。他说专家无非是训练有素的狗。如果你仅仅在某个狭窄的领域里受过良好的训练，具备相关的专业知识，你当然可以算是一个专家，但用这个标准看，一条训练有素的狗也可以算是一个专家。拥有独立思考能力的人对一切知识处于支配的地位，训练有素的狗则被它所受到的训练所支配，这是二者的分界线。

那么，从独立思考的能力这一点看，具体到教育上，我认为就是要培养自主学习的能力。教育最重要的任务，第一是培养学生对知识的兴趣，第二是培养学生自主学习的能力。作为大学生，尤其是研究生，你必须有这个清醒的意识，千万不要把注意力放在学习死的知识上。你要学会自己安排自己的学习，知道自己要朝哪个方向钻研，应该看些什么书。自主学习是一切有成就的人的共同特点，他们都必定是具备这个能力的。举爱因斯坦为例，我认为他非常了不起，他不仅是一个大科学家，而且是一个哲学家、教育家，他对人类的智力品质和灵魂都有非常透彻的了解。在他去世前一个月，他的母校苏黎世联邦理工学院百年庆典，请他写了一篇纪念文章。在这篇文章里，他没有吹捧母校而是批评母校，也批评整个教育制度。他说："从入学开始我就发现，按照学校的教育方式，我不可能成为好学生，因为成为好学生就意味着要认真听讲，要做很多作业，而我是不可能这样做的。所以，我当时就下定决心，满足于做一个中等成绩的学生，而把大量时间用于'以极大热忱在家里向理论物理学的大师们学习'。"所以，爱因斯坦虽然上了大学，他实际上是自学的。毕业后，他又拒绝了学校的留校邀请。他说："如果留校的话，我就不得不去写大量的论文，结果便是变得浅薄。"他在一个专利局找了一份差事，做一个小公务员，干了七八年，用业余时间研究理论物理学，他自己说那是他一生中最富于创造性活动的时期，为此感到极大幸福，他的相对论就是在这段时间里产生的。

　　我相信，各个领域里的杰出人物都是这样的，他们的成才史都是向教育争自由的历史。作为一个学生，你无法改变现行的教育体制，但是如果你足够优秀，你就完全不必跟着这个体制走，你可以最大限度地保持对它的独立性。在我看来，一切教育归根到底都是自我教育，一切学习归根到底都是自学。我很赞成一句话：学习就是学会学习。你学会了学习，有了自主学习的能力，这是一笔终生财富，一辈子受用不尽。有成就的人都是终身自学者，不需要老师，永远在自学。英国哲学家怀特海说过一句话：什么是教育？教育就是把你在课堂上学的东西全部忘记了，把你为考试背的东西全部忘记了，那剩下的东西就是教育。如果你什么也没有剩下，就意味着你完全没有受过教育，白上了学。那剩下的东西是什么呢？就是自主学习的能力。用怀特海的话来说，最重要的东西是智力活动的习惯和融入身心的原理，至于那些具体的知识，如果你不用，是很容易忘记的，如果你要用，又是随时可以查到的。大家不妨想一想，自己在学校里是不是把功夫都用在那种很容易忘记又随时可以查到的东西上了，如果是这样，就太亏了。怀特海主张，应该像一个无知的人那样思考。说得真是精辟，不管你已经拥有多少知识，都当它们不存在，你的头脑永远直接面对事物本身，这正是一个具有独立思考能力的人的基本状态。

关于智育，我还想强调一点，就是智力生活的非功利性。爱因斯坦说：欧洲的伟大传统是为了知识自身的价值尊重知识。我们可以看到，这个传统从古希腊就开始了。毕达哥拉斯发现了勾股定理，为此举行百牛宴，杀了一百头牛来庆祝。在当时，发现了这个原理有什么用啊？任何物质上的好处都不可能有，他感觉到的完全是智力活动得到胜利的巨大喜悦。把心智的运用、知识的获得看作最大快乐，看作目的本身，这确实是欧洲的传统，马克思也不例外。马克思心目中的理想社会也就是共产主义社会是怎么样的？仅仅是物质的极大丰富吗？完全不是。那是一个自由王国，用他的话来说，这个自由王国是存在于物质生产领域的彼岸的。到那个时候，人的一切活动不是为了外在的目的，不是为了物质的生产，而是为了发展人的能力，人发展和享受自己的能力这本身就是目的。按照马克思的设想，那时候必要劳动时间缩短到了最低限度，整个社会只需要花很少时间就能够满足自身的物质需要了，剩下的绝大部分时间都是自由时间，这些时间用来搞什么呢？用来搞艺术、科学、哲学这些精神活动，人人都是这样，只为了自己的喜欢，只做自己喜欢的事，这才是理想的共产主义社会。

诺贝尔物理学奖获得者丁肇中有一段话讲得非常好。在一次讲座时，有学生问他："丁教授，你现在的研究有什么经济价值？"他回答说："我不知道。"但是，第一届和第二届诺贝尔物理学奖分别奖给了 X 射线和塞曼效应的发现者，这两项发明在当时都没有什么经济价值。同样，后来的量子力学和原子物理学在产生时都被认为是花钱最多而最没有经济效益的。他说：科学最重要的是兴趣，是为了满足好奇心，而不是为了名利，这个利也包括经济价值。我相信，不管哪个领域的大师，都一定有这样一种眼光和态度。智力活动本身就是快乐，就是人的高级属性的满足，你为什么非要把高级属性的满足落实到、实际上是降低为低级属性的满足即所谓有用呢？所谓有用，不就是吃好、穿好、住好吗，不就是物质丰富一点吗！人为什么只想去满足自己的低级属性，不肯去满足自己的高级属性呢？为什么要用低级属性的满足为标准来判断高级属性的价值呢？这不是颠倒了吗？

　　很多人问中国为什么出不了世界级的大师。虽然有获得诺贝尔物理学奖的中国人，但他们都是在国外受的教育。我觉得根本的原因就是我们太在意实用，什么东西都要问有没有用，这是我们传统文化的一大弱点。如果一个民族尊重精神本身的价值，纯粹出于兴趣从事精神事业的人越多，那个民族就会成为肥沃的土壤，最容易出大师。所以，我认为，我们应该改变我们文化的实用性品格，形成一种全民族尊重精神价值的氛围，那样才会有希望。

　　总之，智育的目标应该是培养好奇心、纯粹的兴趣和非功利的探索精神，培养独立思考、自主学习和享受智性快乐的能力，这是智力教育的本义，而不仅仅是灌输知识，当然更不仅仅是培养职业技能。

三、灵魂教育：实现灵魂的价值

我把灵魂与头脑、心灵生活与智力生活区别开来。人有一个头脑，这是可以看见的，而灵魂是看不见的，你问我灵魂在身体的哪个部位，我说不出来。但是，我认为灵魂与头脑是有区别的，人对美和爱的需要、对意义的需要，这些都不能用头脑来解释，我只能说来自灵魂。套用柏拉图对于知、情、意的分类，可以说头脑是知，也就是理性，灵魂是情和意，也就是情感和意志。情感是审美性质的，意志是道德性质的。与此相应，灵魂的教育可以相对地区分为美育和德育。美育的目标是造就丰富的灵魂，使人有丰富的情感体验和内心生活；德育的目标是造就高贵的灵魂，使人有崇高的精神追求。二者合起来，灵魂教育的目标就是心灵的健康生长，实现灵魂的价值。

谈到美育，现在许多家长好像很重视孩子的艺术教育，给孩子报各种班，学各种技能，弹钢琴呀，画画呀，但出发点极其功利，无非是为了孩子将来多一条路可走。这是很糟糕的，违背了美育的本义，结果只能是败坏孩子对艺术的感觉。艺术是最自由、最没有功利性的精神活动，掺杂进功利的考虑，就不是艺术了。美育也绝不限于学一点儿吹拉弹唱或者画画的技能，它的范围广泛得多，凡是能陶冶性情、丰富心灵的活动都是审美教育。我把美育归入灵魂教育，我认为这一点很重要，美育是对灵魂的教育，对心灵的教育，它的目标是灵魂的丰富，是体验美和爱的能力。

那么，怎样才能使灵魂丰富呢？欣赏艺术，欣赏大自然，情感的经历和体验，这些都很重要。除此之外，我提两点一般性的建议。一个是要养成过内心生活的习惯。上面谈智力教育时，我说人应该养成过智力生活的习惯，现在谈灵魂教育，就是要养成过心灵生活的习惯，优秀的人应该有这两种习惯。我们平时总是在和别人一起聊天、谈话、办事，但是人应该留一点儿时间给自己，什么事也别做，什么人也不见，和自己的灵魂在一起，这叫独处。静下来，想一想人生的问题，想一想自己的生活状况，想一想所经历的人和事。现在的世界太喧闹太浮躁了，人们都生活在表面，生活在外部世界里，我觉得这很可悲。这个时代大家都很看重交往的能力，这次我来四川，在北京机场的书店里看到一本书，书名叫《能说会道者赢》，我一看就感到别扭，能说会道也就是做一个推销员罢了，那算什么成功。我承认交往是一种能力，但独处是一种更重要的能力，缺乏这种能力是更大的缺陷。一个人不喜欢自己，和自己在一起就难受，这样的人肯定是没有内涵的，他对别人也不会有多大益处，他到别人那里去对别人只是一种打扰。一些没有自己心灵生活的人在一起，他们之间的交往就无非是利益关系，就会互相争夺和打仗。

另一个建议是读书，读好书。不能光读专业书，还要读一些与专业无关的书，罗素所说的"无用的书"。文科有很好的条件，因为"有用的书"与"无用的书"是统一的。一定要读好书。我比较爱读书，但还是有许多好书没有来得及读，也许永远来不及读了，这是特别大的遗憾。当你读了从古希腊以来的哲学人文经典，你会发现这是莫大的享受，如果没有读，你是蒙受了多大的损失，可是正因为没有读，你还不知道自己蒙受了这么大的损失。人类的精神宝库属于每一个人，向每一个人敞开着，你不走进去享受里面的珍宝，就等于你把自己的权利放弃了，那是何等可惜。

最后谈德育。我觉得对德育也一直有一种狭隘的理解，就是把它仅仅看成一些规范的灌输，比如集体主义、爱国主义、诚实、守纪律之类。智育限于知识，美育限于技能，德育限于规范，都是舍本求末。和美育一样，德育也应该是对灵魂的教育，目标是实现灵魂的价值。人的灵魂应该是丰富的，也应该是高贵的，前者是美育的目标，后者是德育的目标。

从人性看，道德有两个层次。一个是人的社会性层次，道德是维护社会秩序的手段。另一个是人的精神性层次，道德是灵魂的追求。这两个层次都不可缺少，但精神性的层次是更为根本的。康德说，人能够为自己的行为立法，说的就是这个层次的道德。人有超越于生物性的精神性，它是人身上的神性，意识到自己身上有这个神性部分，并且按照它的要求来行动，这是道德的本义。这个真正意义上的道德，它的基础是人身上的神性，是人的灵魂的高贵，它是真正自律的。如果没有这个基础，只在社会层面上谈道德，道德就仅仅是维护社会秩序和处理人际关系的手段，是一种功利性的东西，是他律。我们进行道德教育，应该从根本入手，使人们意识到人的灵魂的高贵，在行为中体现出这种高贵。什么是灵魂的高贵呢？就是有做人的尊严，有做人的原则，在任何情况下都不做亵渎人身上的神性的事。一个人为了满足物欲而百无禁忌，不择手段，只能说明他身上的神性已经泯灭，只剩了兽性，就已经不是人了。事实上，那些做出了道德沦丧之事的人，他们有一个共同之处，就是不知人的尊严为何物。

关于教育的目标，我就讲到这里。总的来说，我认为教育应该远离功利和实用，贯彻人文精神，教育的目标应该是培养健康、善良的生命，活泼、智慧的头脑，丰富、高贵的灵魂，如果做到这些，我们的教育就真正成功了。

第二部分
教育机构的使命和今日教育的问题

一、教育机构的使命

上面我从人文精神的角度讲了教育的目标，就是要把人身上那些最宝贵的价值实现出来。事实上，人身上这些最宝贵的东西，包括人的智力品质和心灵品质，在一定意义上都是人性中固有的。每一个人，从他出生以后，这些东西都已经以萌芽状态存在于他的身上了，有了合适的环境，它们就会生长。所以，我特别赞成卢梭提出的一个观点——教育即生长。教育不是强行把一些能力从外面放到人这个容器里面去，这些能力在人性中本来就已经存在了，教育只是提供一个良好的环境，让它们正常地生长。

我完全相信教育就是生长，这一点我在我女儿身上看得特别清楚。我女儿现在七岁，她四岁认字，五岁能看书，那时候还没有上学，这个过程我觉得特别有意思。每天晚上，她妈妈给她读一点儿诸如《格林童话》那样的经典童话书籍，她非常爱听。有一天，她问妈妈：书上都是字，故事在哪里？我们没法跟她解释清楚。后来她逐渐识了一点儿字，识字的过程非常自然，她有时候看光盘，就会跟着声音看字幕，有时候妈妈带她出去，她就会问妈妈招牌上是什么字，这样一来她逐渐地、零零星星地认识了一些字。后来有一回，妈妈晚上给她念了一段故事，第二天发现她自己拿着故事书在念，其实大部分字她还不认识，但她养成了这个习惯，妈妈读的故事她第二天就自己去看，这样认识的字越来越多。有一天，她对妈妈说："妈妈，你不要给我念了，你念了我再读就没有意思了。"你看，认字这个过程，需要我们去强迫她吗？根本不需要！其实每个孩子都有这样一种能力，但是如果你强迫他，他就会反感。通过这个事例，我真的看到人的很多能力是天生的，教育只是给它环境让它生长出来。

对于卢梭提出的教育就是生长的观点，杜威做了进一步的阐发，他说：这意味着生长本身就是目的，并不是在生长的前头另外还有一个目的，比如说将来适应社会、谋求职业、做出成就之类。我觉得杜威讲得非常到位。那些谋职之类的东西当然不是不要，但它们不是生长的目的，只要你生长得好，成为一个优秀的人，那些东西自然能够解决。所以，我们不应该用狭隘的功利尺度来衡量教育。用什么尺度衡量教育呢？应该用人性的尺度，看教育是否使学生的天性和与生俱来的能力得到了健康生长，包括同情心、好奇心、思考和感受的能力等。换一种说法，也可以说是人生的尺度，教育应该为幸福而有意义的人生打下良好的基础。怎样才算打好这个基础呢？非常简单，就是看受教育者现在的生活是不是幸福而有意义。用生长的眼光看，人生的每个阶段都有自身的价值，每个阶段的价值都应该得到实现。有一种流行的错误观点，就是把学生时代仅仅看作人生的一个准备阶段，它的全部价值似乎只是为将来走上社会做准备。我们今天的教育基本上是在这个错误观点的支配之下，以未来的名义无情地剥夺孩子们的童年和青春。卢梭说：为了某个不确定的未来而剥夺现在，这种做法是残酷的。依我看，这种做法其实也剥夺了未来，一个人在童年和青年时代过得不幸福，他的那个不确定的未来就凶多吉少了。另外，我觉得还应该用精神的尺度来衡量教育，大学要培养的是优秀的头脑和灵魂，在这个意义上就是精神贵族，不只是所谓有用人才、有知识的打工者。大学大学，大人之学，什么是"大人"？就是精神高贵的人，精神贵族。当然，我们也应该用社会的尺度衡量教育，但这个社会尺度应该是广阔的而不是狭隘的。罗素说：由本性优秀的男女组成的社会肯定是一个好社会。如果社会的成员都受过真正良好的教育，他们的本性和能力都得到健康的生长，那么，他们之间就必定能够较好地理解和欣赏，在这样一个社会里，人的高级属性就能够最大限度地得到尊重和发扬。相反，如果在学校里只是学一点儿知识和技能，学生一心想的是谋一个好职业，精神上贫乏而狭隘，那么，在他们走上社会之后，人与人之间就只有低水平的竞争，由这样的人组成的当然不是一个好社会。

从教育就是生长的观点看，教育机构和教育者的使命是什么？就是为生长提供最好的环境。所谓最好的环境，我认为有两个方面，一个是自由，一个是好老师。用植物的生长比方，自由就是充足的阳光和水分，教师就是园丁。

如果说内在禀赋的生长是内在自由的拓展，那么，教育就是要为这个生长提供外在的自由。外在自由的第一个含义是自由时间。在希腊文中，"学校"一词的意思就是闲暇。在希腊人看来，到学校上学就意味着从日常事务中摆脱出来，有充裕的闲暇，可以无所事事地体验和沉思了，正是在这样的无所事事之中，人的心智能力得到了生长。这次在成都，我发现成都人的日子过得很悠闲，闲暇时间很多，看来成都人的教育状况非常好。不过搓麻将还是太多了一些，如果能匀一点儿时间给自己的头脑和灵魂就更好了。卢梭有一个谬论：最重要的教育原则是不要爱惜时间，要浪费时间。不过，他有他的道理，他说：误用光阴比虚掷光阴损失更大，教育错了的儿童比未受教育的儿童离智慧更远。今天我们许多家长和老师唯恐孩子虚度光阴，驱迫着他们做无穷的作业，不给他们留出一点儿玩耍的时间，自以为这就是尽了做家长和老师的责任。卢梭会问你：什么叫虚度？快乐不算什么吗？整天跑跑跳跳不算什么吗？如果满足天性的要求就算虚度，那就让他们虚度好了。仔细想一想，卢梭多么有道理，我们今日的所作所为其实正是在逼迫孩子们误用光阴。外在自由还有一个含义，就是思想和言论的自由，在学校里就是学术自由，学校要为学生的独立思考和自主学习提供一个宽松、宽容的环境。

最好的环境的另一个方面是好的教师。事实上，在学校里，教师构成了学生学习的最重要的环境。大学教育的核心问题是要有一批心灵崇高、头脑活跃的学者，通过他们去影响学生。林语堂曾经说，在牛津和剑桥，那些教授是怎么教学生的？他们把学生叫来，一边抽着烟斗，一边天南海北地聊，学生被他们的烟和谈话熏着，就这么熏陶出来了。教师当然要传授知识，但是更重要的是他们本身素质所形成的一种氛围，这种氛围对学生有更本质的影响。什么叫好学校？一个大学有一批好教师，就是好大学，一个学科有一两个好教师，就是好专业。现在大家都说要创办一流大学，据我看，所谓一流大学就是有一流的教师，有好的体制把一流的教师吸引来，让他们充分发挥作用。你只是圈大地盘，盖大校舍，算什么一流大学！什么是名校？就是有一个懂教育、具慧眼的名校长，凝聚了一批人品和学问都好的名教授，带出了真正优秀的学生。比如说，人们津津乐道的蔡元培时期的北大，吴宓领导的清华国学院，好就好在这里。你只是靠名校的招牌录取考分高的学生，你的体制却压制和排斥品学兼优的教师，让一些平庸功利之徒在那里折腾，算什么名校！素质好的学生到了你那里，也会被败坏，或者愤而退学。

总之，大学能够为学生提供的最好的保障，一个是自由宽松的环境，一个是品学兼优的教师，有了这些保障，就不愁培养不出优秀的人才。优秀的人才是生长成的，不是训练成的。教育应该为生长提供充足的阳光，如果做不到呢，最低限度是不要挡住阳光。一个好的学生对于坏的教育可以说的话，就是哲学家第欧根尼对亚历山大大帝说的那句话："不要挡住我的阳光。"

二、今日教育的问题

用人文精神的眼光来衡量，我认为今日的教育有三大弊病。第一个是急功近利，市场支配大学教育，所谓"与市场接轨"，大学成了职业培训场。怀特海说：在古代的学园里，哲学家们向弟子传授的是智慧，而在今天的大学里，卑微的目的是教授各种科目，这标志着教育的失败。这么看来，我们今天的教育就更失败了，因为我们的目的更加卑微，只是升学、就业甚至金钱。

当然，急功近利不只是教育的问题，而是整个社会的问题。现在市场上流行所谓励志类的书，据我看其中大量是垃圾，它们的内容无非是两个：一个是教人怎样在名利场上拼搏，发财，出人头地；另一个是教人怎样精明地处理人际关系，讨上司或老板的欢心，在社会上吃得开。到机场、车站的书店去看看，摆在最醒目位置上的都是这类东西，还有就是所谓谋略类的书、经管类的书。什么"经营自我""人生策略""财富《圣经》"，光看这些书名就让人恶心，这样的书名本身就是堕落。自我是经营的对象吗？从古希腊开始，那些哲学大师谈到自我是怎么谈的？是让人发现自我、认识自我，去认识自我的价值，去实现自我的价值。现在自我竟然成了一个经营的对象，要用它去赚钱，去谋一些表面的成功。"人生策略"，以前的哲学家是不谈人生策略的，他们谈的是人生意义、人生理想，现在却把人生当作一桩生意来做了。"财富《圣经》"的概念公然把财富抬到了最高价值的宝座上。据我所知，这样的书大多是那些层次极低的书商炮制的，他们瞄准现代人渴望成功的心理，出一些迎合这种心理的题目，用低廉的价格雇一帮写手来写，那些写手自己是极不成功的倒霉蛋，能教给你什么成功的诀窍呢？今年我遇到一个事，有两本书冒用我的名字出版，其中一本叫《纯粹的智慧》，也是这种乌七八糟的所谓励志的内容，许多读者上当购买了。我希望大家擦亮眼睛，看见了千万不要买。不但不要买这种冒名的伪书，所有这类低俗的励志书都不要买，要以读这种书为耻，因为这证明你水平太低，品位太差。

我不反对励志，问题是励什么样的志。一个人可以为自己树立很多目标，但第一个目标应该是优秀，成功只是其次的目标，应该把成功看成优秀的副产品。首先要让自己成为一个优秀的人，成了优秀的人，你可能成功，也可能在社会的意义上不太成功，但是不管怎么样，你的人生是有意义的。如果你是一个平庸的人，你最多只能得到渺小的成功，因为你始终只是在混日子，最多只是混得好一些罢了。平庸者只有职业，优秀者才有事业，一切伟大的成功者必定是优秀者。所以，你们一定要以优秀为目标，不要去在乎那些小成功，有大成功在等着你们。

今日教育的第二个弊病是应试教育。对于应试教育的害处，大家谈论得很多了，素质教育的口号也喊了很久了，事实却是应试教育愈演愈烈，原因在哪里呢？我认为在高考，只要高考制度没有根本改变，素质教育就是一句空话。问题是高考的成绩不但决定了学生的命运，而且决定了学校、校长、教师的命运，就像教师们所说的：我们是挂在应试列车上的一节车厢，工资、奖金、职称、学校排名都与高考成绩挂钩。因此，必然的结果是，不应试就无法生存。

怀特海真是一位大教育家，在教育问题上有许多真知灼见，他早就指出：统一考试是灾难性的，必然会使所有被迫参加这种考试的学校包括校长和教员都受到束缚。他说的统一考试，是指那种考题不是由学生自己的老师设计，而是由某个机构设计的考试。西方国家没有全国统一的高考，只有较小范围内的统一考试，对此他也反对。统一考试的问题是统一命题，有标准答案，这就使它只能偏重死记硬背的知识而不是独立思考。统一考试在我们的高考中达到了空前的规模，它的危害也达到了顶点。为了对付高考，老师和学生都把掌握应试技巧看作最重要的事情，把精力放在大量猜题、做题上面，真正的智力教育完全遭到荒废。现在有所谓"高考能校"，对学生实行封闭式管理，像军营一样，学生从早上七点到晚上九十点都在做题和背诵，一天学习十四个小时，两周休息一天。前不久我看到报道，辽宁有一所这样的学校——辽中县第一高中，每天上十五小时课，一个女生猝死在课堂上。高中生是最苦的，但初中生、小学生也好不了多少。你看现在的小学生，一年级就背起了沉重的书包，二、三年级就有大量家庭作业，时常做作业做到深夜。面对全民奔高考的逼人形势，许多家长心理上极其紧张，怕孩子跟不上，从小学起就给孩子报各种课外班，什么奥数、英语、语文等。武汉有一个小学生每个周末上七个班，真是令人发指，看了媒体报道，其实上三四个班的很普遍。高考的威力甚至影响到幼儿园，有一句话叫作：不能让我们的孩子输在起跑线上。可是，在我看来，这种态势恰恰一开始就已经是输局了。我们逼迫孩子们从幼儿园开始就投入可怕的竞争，从小学到大学一路走过去，为了拿到那张最后的文凭，不知道要经受多少作业和考试的折磨，为了如此渺小的一个目标牺牲了宝贵的童年和青春，这简直是全国性的野蛮和疯狂。我不禁要问：这还是教育吗？教育究竟要干什么？

我们现在的高考制度是20世纪50年代学苏联的产物，"文化大革命"后恢复高考，一开始还不是这个样子的。现在成这个样子，原因很复杂，与现行教育体制的其他弊端有密切联系。我本人认为，唯一的出路是扩大高校的自主招生，最后的目标则是对高考重新评估。有人担忧，现在教育腐败这么严重，如果让高校完全自主招生，岂不会加重腐败，加剧不公平？我的看法是，自主招生必须置于法律的监督下，做到程序合理和透明，而对自主招生中可能出现的营私舞弊行为，也完全可以用法律来对付。无论如何，我们不能让这个高考制度继续摧残一代又一代孩子的身心健康了，且不说它与现在的腐败脱不了干系，事实上它滋生了一整个靠高考牟利的腐败产业，即使废除了它会出现一些新的腐败，只要能制止今日这种全国性的野蛮和疯狂，我认为也是完全值得的。

今日教育的第三个弊病是腐败。腐败的根源，我认为主要是两个：一个是管理体制的高度行政化、官本位化；另一个是公益事业的产业化，把公立学校变成了盈利工具。在这个社会转型时期，无论哪个领域，只要权力与市场联手，就必然产生腐败。关于这个问题，我不准备多谈。我只想强调，教育腐败是最可怕，也是最可恨的。教育直接关系到人的头脑和灵魂，原本是最需要人文精神的领域，现在竟然成了最没有人文精神的领域。老百姓最痛恨的腐败，一个是医疗腐败，另一个就是教育腐败。在一切文明国家和时代，大学都是抵御社会腐败的堡垒，如果大学也腐败了，就真没有希望了。

我就讲到这里，有冒犯之处，请批评。

四川大学的现场交流

问：您曾经说您要做一个守望者，您觉得您做得如何？您认为知识分子的最高使命就是做一个守望者吗？

答：我不知道做守望者是不是知识分子的最高使命，但我认为知识分子不可缺少这个使命。当然，我也不认为这是知识分子的唯一使命。知识分子完全可以投入时代潮流，但你必须有跳出来的时候，有与这个时代潮流保持一段距离审察它的时候，没有距离是无法审察的。站在什么立场上审察呢？就是站在人类那些基本的精神价值的立场上，看时代潮流是否偏离了这些基本价值。我说的守望者，就是这个意思。至于我自己做得如何，我也不知道，但我一直在要求自己这样做。

问：您说过性遵循的是快乐原则，与道德无关。我同意前一句，不同意后一句。您怎么看？

答：作为一种生理行为，性的确是与道德无关的，我是在这个意义上说的。但是，实际的性行为总是发生在具体的人之间，会带进人与人之间的其他关系，这就可能涉及道德的问题。譬如说，你并不爱一个女孩，但为了使她愿意与你发生性关系，就谎称爱她，这就是不道德。在这里，不道德的不是性行为本身，而是欺骗行为。

问：和90年代以前相比，现在这一代青年普遍缺乏社会责任心，您认为原因何在？

答：原因比较复杂，可能主要是两个，一个是80年代末的前车之鉴，一个是90年代以来市场化的全面推进。不过，我相信，青年毕竟是青年，终归是有热血、有理想的，是关心国家前途和人生意义的，今天这个场面就是证明。

问：学术著作往往艰涩难读，而您的著作都比较通俗易读，您是有意这样做的吗？

答：其实我现在的许多作品不能算学术著作，虽然也许可以算哲学著作。哲学著作和学术著作是两回事，哲学史上绝大多数名著都不是学术著作，而现在哲学界的许多学术著作没有多少哲学含量。即使是学术著作，我主张也应该尽量写得让人能够读懂。当然，有一些非常专业的东西，不是行内的专家就不可能懂，那么我很欣赏霍金的做法，他把自己的研究成果用比较通俗的语言重述一遍，使一般读者至少能够大致地了解。

问：您如何看待这个时代人文精神的失落？

答：我觉得人文精神并不是现在才失落的，在我们的传统文化中就比较缺乏，这个我已经谈过了，就是我们一贯比较不重视精神本身的价值。现在的新问题是无序的市场经济，不过我寄希望于市场经济的发展，能够逐步形成秩序，推动法治社会的建立和完善。我相信，人文精神与法治社会之间存在着互相促进的关系。

（2005年3月27日，四川大学；2005年5月26日，中央财经大学；2006年3月2日，西南政法大学。本文是对三场讲座讲稿的整理。）

教育的目的

一、教育的理念

1. 哲学与教育

今天很高兴和来自浙江名校的校长和老师们进行交流，交流的题目是《教育的目的》。其实你们都是专家，我完全是业余的，是一个外行，没有当过老师，更没有当过校长。我看教育的角度有两个。一个我是家长，我的孩子在上初中二年级，那么从她小时候起，家里的教育也很重要，我两年前出过一本书，叫《宝贝，宝贝》，其中很多内容是讲我怎么看待对子女的教育的，我想家庭教育和学校教育的基本道理是一样的。另一个角度是，我是研究哲学的，哲学就成为我看教育的一个角度。

事实上，历史上许多哲学家都很重视和关注教育，西方的哲学家，比如柏拉图、洛克、卢梭、杜威、怀特海，他们都有关于教育的专著或言论，而且都相当精彩。我是研究尼采的，尼采对教育也有很精彩的见解。我翻译了一本他早期的著作，叫《论我们教育机构的未来》，最近出版了，这本书以前没有汉译本，尼采在里面对当时的德国教育做了批判，非常深刻，着重批判的是教育功利化的倾向，对于我们今天也很有现实意义。

哲学家关注教育完全是题中应有之义，是理所当然的。哲学所讨论的问题，从人生哲学来说，就是人应该怎么生活，什么样的生活才是好的生活，那么教育真正要让受教育者懂得的也就是这个道理，人应该过什么样的生活，具备过好的生活的目标和能力。哲学和教育是相通的，做人的道理和育人的道理是相通的，所以我对自己子女的教育也好，或者让我一般地来谈一谈教育问题也好，我就有一个根本的出发点，就是人生中什么东西是值得珍惜和追求的，那么我就应该让我的孩子得到这个东西，教育就应该让受教育者得到这个东西，我认为这就是教育的目的。

人生中最值得珍惜和追求的是什么？人生的目标应该是什么？我想来想去无非是两样东西。第一是优秀，人活在世界上应该做一个优秀的人，所谓优秀就是人所具有的那些禀赋能够得到很好的生长，包括身体的健康，当然更重要的是人之为人的属性，人的精神禀赋得到很好的生长。第二是幸福，其实幸福和优秀是相通的，幸福的一个最重要内涵是享受人的高级属性，享受精神的快乐，所以这些精神属性必须生长得好你才能真正幸福。幸福是一种能力，一个人并不是想幸福就能幸福的，你必须有好的素质，才能享受精神层面的幸福，你素质差，精神层面的幸福就和你无缘。所以，我看教育的目标基本上是两个尺度，用人性的尺度看就是优秀，要成为人性意义上优秀的人，让受教育者的精神禀赋得到很好的生长；用人生的尺度看就是幸福，让受教育者具备幸福的能力，有一个幸福的人生。

这是我的一个基本出发点，教育的目标就是人性的优秀和人生的幸福，二者的关键都在于精神禀赋的良好生长。

2. 教育就是生长

在哲学家的教育观点中，我想特别谈一下教育就是生长，这是我特别欣赏的一个观点。教育就是生长，生长本身就是目的，这个观点首先是法国哲学家卢梭提出的，后来美国哲学家杜威加以阐释和发展。这个观点强调的是只要生长得好，教育就是成功的，并不是在生长之外还另有一个标准、一个目的，或者说要朝着某个目标去生长。不要给生长另外设定一个目标，比如说将来能够适应社会，能够谋取一个好的职业，能够做出成就，你给生长设定了这样一个功利性的目标，这本身就是对生长的压制和扭曲，实际上已经不是真正把生长本身当作目的了。

有的人可能会说，孩子总是要走向社会的，所以你就要对他走入社会以后能不能适应社会、能不能成功负责。我说对的，但是什么样的孩子在走入社会以后真正能在社会上发挥好的作用？当然是生长得好的孩子，也就是素质优秀的人。适应社会不应该是被动的，古罗马哲学家西塞罗说，教育的目的是要让受教育者摆脱现实的奴役，而不是单纯地适应现实。一个素质优秀的人对于现实不是被动地适应，而是能够做出积极的反应，从而改变现实。如果只是适应现实，要教育做什么？

说到优秀与成功的关系，我们可以比较一下两种模式。一种是按照优秀的目标培养学生，如果这个目标实现了，这个学生在德智体各方面都生长得很好，他在走入社会以后，你说他成功的机会大不大？而且这个成功不仅仅是谋得一个好的职业，不是这种表面的、狭隘的成功，而会是对社会有所贡献，是真正意义上的成功。相反，如果把功利性的成功设定为目标，就像现在这样，把应试、升学、就业放在首位，势必会压制真正的生长，结果只能培养出平庸的人，将来即使成功也是那种低层次的成功。

这是从个人的成功来说。从社会的效果来说，我们可以用社会的尺度来衡量教育是否成功，但是这个社会的尺度应该是广阔的，不应该是狭隘的，不应该是纯粹功利性的。我相信罗素的判断，他说一个社会如果是由本性优秀的男女组成的，这样的社会肯定比相反的情形要好。如果我们以优秀和幸福为教育的目标，培养出的是整体素质优秀、充满幸福感受的男女，那么，在这样的男女成为社会的基本成员以后，人和人之间的关系一定是积极的、和谐的，社会本身的品质一定是好的。我们这样来看教育的社会效果，才真正是对社会负责，对孩子的将来负责。

根据教育就是生长这个观点，我们可以引申出一个很重要的观点，就是人生的各个阶段，都有不可取代的价值，没有一个阶段仅仅是为了下一个阶段做准备的。现在很流行的却是，幼儿园是为小学做准备，所以孩子在幼儿园里就要认许多字，甚至要学英语，小学是为小升初做准备，初中为升高中做准备，高中为升大学做准备，总之每个阶段好像都没有自身的价值，教育的目的不是把这个阶段的价值也实现出来，仅仅是为后面的阶段做准备。这样的观点和做法，真的是扼杀了很多宝贵的东西，扼杀了每个阶段自身的价值。

对于这个问题，杜威曾经谈到过，他指出教育是生活的过程，而不是将来生活的准备。讲得最清楚的是教育家蒙台梭利，她说对于儿童期有两种不同的观点。一种是把儿童看作没有长成的大人，我们要帮助他长大成人。"长大成人"这个说法本身就很荒唐，难道儿童不是人吗？这实际上就是认为儿童期本身是没有价值的，如果说有价值，其全部价值就是为成人阶段做准备，做这个准备就成了教育的唯一目标。这是一种观点。另一种观点就是蒙台梭利和杜威所主张的，认为儿童期本身具有极重要的价值，是一个人身心生长最迅速、最活跃的阶段，这个价值是以后任何一个阶段都不能代替的。所以，教育的目标就是实现这个价值，使孩子的身心健康生长，有一个幸福而有意义的童年，以此为他整个人生的幸福而有意义创造一个良好的开端，打下一个坚实的基础。事实上，看一个孩子将来能不能幸福，现在就可以有一个初步的判断，如果他现在不幸福，现在的生长受到挫折，整天疲于应付功课和考试，没有玩的时间，内心很压抑，童年的这种痛苦是会留下阴影的，他以后的幸福就有问题。

我们看一看中国教育的现状，真的很令人忧虑。从幼儿园开始，包括整个基础教育阶段，目标很狭隘，就是应试和升学，用这个目标规划了孩子的全部学校生活，甚至放学回家以后的生活。最后，学生的头脑里塞满了为考试而背诵的知识，心里充满了升学和谋生的焦虑，对人之为人的幸福越来越陌生，离人性意义上的优秀越来越遥远，我们理应问一下：这还是教育吗？成人世界把自己渺小的功利目标强加在孩子的头上，把他们驱赶到升学和就业的战场去拼搏，使得很多的孩子事实上没有了童年，起码没有一个快乐的童年。这种做法的后果，我们现在也许还看不出来，但是，在孩子们将来的人生中，在他们长大以后组成的社会的状况中，这种童年价值被野蛮剥夺的恶果真不知道会以怎样可怕的方式显现出来！

二、从智、情、德三方面谈教育的目的

教育就是生长，教育的目的是要生长得好，成为人性意义上优秀的人，并且因此具备幸福的能力，这是一个基本出发点。那么，教育要使人的哪些品质生长得好呢？当然，从身体来说，是要健康，这个我今天不说，我只说精神品质的生长。人的精神属性可以相对地分成三个方面。第一是智力，就是头脑、理性、认识能力。第二是情感，就是感受能力，也可以说就是心灵生活。第三是意志，按照康德的说法，就是支配自己行为的能力，人不只是受本能的支配，还受道德的支配，有崇高的精神追求，这是人和动物的区别之所在。用儒家的语言来说，就是义，正义的义。这三个方面，就对应我们经常讲的三种主要的精神价值，头脑追求的是真，情感追求的是美，道德追求的是善。从教育来说，也对应三种主要的教育，就是智育、美育和德育。我认为，智育的目的是自由的头脑，美育的目的是丰富的心灵，德育的目的是善良、高贵的灵魂。下面我分三个方面来讲，因为学校教育的主要工作是智力教育，所以重点讲智育。

1. 智育的目的：自由的头脑

智育的目的是培育自由的头脑，而不只是灌输知识。我始终认为，最重要的智力品质有两个。第一是好奇心，就是对世界、事物和知识充满着兴趣，有强烈的求知欲望。第二是独立思考的能力，就是对自己感兴趣的问题，一定要用自己的头脑想明白，对一切现有的说法要追问它的根据，去得出自己的结论。在初级和基础教育阶段，对好奇心的保护和鼓励尤其重要。孩子的理性开始觉醒的时候，好奇心是最活跃的，这个时候如果受到压制和挫伤，后果就会很严重。兴趣是学习的内在动力，学习有没有成效，首先取决于有没有兴趣。如果一个学生对学习始终没有兴趣，我觉得他基本上是没有希望了。

爱因斯坦回忆他对科学发生兴趣的经历，最早是在五岁的时候，他父亲送给他一个指南针，他玩的时候很惊讶："我的手并没有碰那根针，为什么它会动，并且总是回到同一个方向？"他说当时他就产生了一个感觉，觉得事物内部藏着一个秘密，等待他去找出来。这种感觉实际上就是一种科学探索的冲动。第二个契机是十三岁的时候，学平面几何，那些证明题，他又感到非常惊奇，在图形上看不出来的关系，但是你可以很精确地证明出来。我学平面几何的时候也是这种感觉，上中学的时候，我最喜欢的功课是数学，解几何题让我非常入迷，我觉得不完全是逻辑思维，里面也有一种理性的直觉，这个东西真的有魅力。

好奇心这么重要，但是正如爱因斯坦所说的，它是一棵脆弱的嫩苗，很容易被扼杀掉，他说我们的教育竟然没有把它完全扼杀掉，这简直是一个奇迹。其实欧洲的教育体制是比较注重兴趣和独立思考的，但是这确实是一个难题，不要说我们这种应试主导的教育体制，凡是体制性的、机构性的教育，都面临着这个难题，就是在有统一教材和方案的情况下，如何保护好奇心，尽可能少地损害不同个人的禀赋和兴趣。像爱因斯坦这样的天才是任何教育体制都压不住的，能够冲破任何体制的束缚自学成才。但是一般学生就不是这样了，体制的伤害可能是致命的。我们现在的应试体制就是这样，我觉得至少有两点是必须改变也是可以改变的。第一是功课负担太重。我的孩子在上初中，功课负担已经很重了，每天放学回家要花近两个小时做作业，做完作业就该睡觉了，根本没有多余时间来发展自己的兴趣。其实，作业中有很大部分是没有多少智力含量的简单劳动，完全可以精简。所以，第二就要改变教学内容和方法，提高功课的智力含量，让学生对功课本身也有兴趣。一方面功课本身是让人有兴趣的，另一方面在功课之外有余暇发展自己的兴趣，这才是好的智力教育。

英国哲学家怀特海有一本书叫作《教育的目的》，和我今天的讲题是相同的，我建议你们看一看，非常棒。书中谈到一点，就是从儿童一开始接受教育起，就应该让他们体验到智力活动的快乐。最应该让孩子们在学习中得到的东西，就是好奇心的激发和满足，求知和思考的乐趣。让学生在受教育的过程中，品尝到智力活动本身的快乐，从此养成智力活动的习惯，这才是智育的主要目标，也是判断智力教育成功的主要标准。

具体地说，智力教育的重点是培养学生的两个能力，一个是快乐学习的能力，学习本身就是快乐，喜欢学习；另一个是自主学习的能力，不但喜欢学习，而且能够根据自己的兴趣安排自己的学习。这一点到大学更加重要，大学基本应该是自学，但底子是在中学里打下的，如果在中学阶段已经具备了一定的自学能力，到大学里就自由了，就能真正按照自己的目标来学习了。这两个能力真的是一笔终生的财富，人是要一辈子学习的，不必说小学、中学和大学本科，就是你研究生毕业了，那也只是一个开头，以后就靠你自己了。如果你在学校里没有养成这两种能力的话，出了校门，你的学习就停止了，就那么一点儿东西，而那一点儿东西往往也都忘记了，不会有什么长进的。相反，如果在学校里养成了这两个能力，喜欢学习，并且能够自主学习，这样的学生将来一定能够找到他最擅长的领域，会有自己真正的事业，他的成功会是有质量的，而这就会成为他的人生幸福的一个重要方面。

2. 美育的目的：丰富的心灵

美育的目的是培育丰富的心灵，而不只是训练技艺，比如弹琴、画画之类。现在很多家长让孩子学这些，目的非常功利，就是为了以后多一条出路，或者是小升初、上高中有一个特长生证书，这都扭曲了美育的本义。人不但有认识能力，而且有感受能力，美育是要让你的感受能力得到很好的生长，让心灵变得丰富。

我说教育最后的目的是优秀和幸福，那么感受能力对于优秀和幸福都很重要。从优秀来说，人的感受能力，包括直觉、想象力、感觉的敏感度、内心体验的丰富度，是人的创造力的重要源泉。不必说人文和艺术领域，即使你是从事哲学或科学研究的，也不能仅仅靠理性思维，如果直觉能力和感受能力不好，是不会有多大成就的。从幸福来说，一个人感受能力好，心灵丰富，就是在自己身上开发了一个快乐的源泉。一个心灵丰富的人是不怕独处的，他自己一个人待着也是享受。有的人是很怕自己一个人待着的，其实很可怜，连自己都不喜欢自己。一个人应该喜欢自己，这个自己是丰富的，你就会喜欢，所以要让自己丰富起来。

怎么样让自己丰富起来？阅读是最主要的途径。中学阶段是培养阅读习惯和品位的最关键时期，我回忆自己就是从中学开始对课外阅读产生强烈兴趣的，读了很多课外书。我提出一个概念，叫作青春期的阅读，青春期的孩子一旦爱上了书籍，阅读就真的有一种恋爱的感觉，纯粹而又陶醉，那种幸福感不亚于真正的谈恋爱。一个人在中学阶段有没有这个经历，会影响到一生。那些品尝过青春期阅读的快乐的学生，我相信他们就会从此养成读书的习惯，因为他们决不愿意放弃那种快乐。相反，没有品尝过这种快乐的人，错过了那个阶段，再也没有机会体验这种纯粹、陶醉的阅读了，就有可能成为一个一辈子不读书的人。所以，一定要给孩子们的课外阅读留出时间，如果让他们疲于应付功课，完全没有时间读课外书，这个损失对他们来说也许是无法弥补的。

的确有很多人走出校门以后基本上不读书了，最多读一些畅销书或者实用类的书，没有严格意义上的阅读，这是很可悲的，人生的幸福少了一大块。人类创造了许多物质财富，包括科技的成果，电脑和手机越来越先进，我们都愿意去享受，但是人类还创造了这么多精神财富，它们主要的保存方式就是书籍，我们不去享受就太可惜了。对今天的青少年来说，这是一个严重的问题，新媒体的诱惑力太大，随时用手机上网，看八卦，看快餐小说，聊天，如果有课余时间也都被占用了。我认为这只是在享用物质性的科技成果，不是在享用精神财富。也许没有什么好办法，只能引导，我相信好的书籍的魅力无穷，关键是要创造条件让他们感受到这个魅力，他们自己会做出比较的。

要让心灵丰富起来，还有一个重要途径是写作。我说的是那种为自己的写作，就是珍惜自己的经历，自己在经历中的感受和思考，如实地把它们记录和保存下来。这实际上就是写日记。如果说阅读是把人类创造的精神财富占为己有，那么，写日记就是把自己的外部经历变成内在财富。一个养成了写日记的习惯的人，他会感觉自己的人生是完整的，自己的心灵是完整的。最好是从小就养成这个习惯，我自己是上小学就开始写的，从高一开始几乎天天写。从中学到大学，其实我只有两门主课，一个是读课外书，一个是写日记，课内的东西都不是我的主课。我特别提倡中学生写日记，而且不要对付，要很认真地写。不过，这需要时间，所以同样的问题发生了，现在的中学生既没有时间读课外书，也没有时间认真地写日记。和他们比，我真的觉得我们当年要幸福得多。

3. 德育的目的：善良、高贵的灵魂

德育的目的是培育善良、高贵的灵魂，而不应该停留在规范的灌输上，甚至是意识形态的灌输上。要抓住道德的根本，道德教育在根本上是灵魂教育。

三、学校和教师的使命

如果说教育就是生长，那么，学校的使命就是为生长提供一个良好的环境。这个良好的环境，我认为主要是两个方面。第一个方面是自由时间，要给学生留出足够的自由时间，可以发展自己的个性和兴趣。现在的应试教育，基本上把学生的全部时间都占了，学生完全没有自己可支配的时间，这对生长是最不利的。在应试教育的大环境里，学校和老师也没有办法，但我想总还可以尽量为孩子们创造一个比较好的小环境，要站在他们这一边，帮助他们向这个应试体制争自由。

第二个方面是好的老师。学校要为学生的生长提供好的环境，对于学生来说，最经常、最直接的环境是什么？就是教师。所以，我一直认为，衡量一个学校是不是好学校，不看其硬件设备如何，名气多大，就看有没有好的校长和老师。什么样的算是好老师？我强调两条。第一，我们要让学生在智力、情感和道德上都生长得好，那么老师自己首先应该是这样的人，具备优良的精神素质，是智力活泼、心灵丰富、灵魂高贵的人。老师对学生不只是通过上课传授一些知识，最重要的影响是老师自己的素质和行为对学生的熏陶。你看很多伟人和优秀人物，他们往往会回忆学生时代某个老师对他的影响，心智优秀的老师对学生的影响是一辈子的，永远不会被忘记。所以，真正重视素质教育，对老师的要求一定是更高的。怀特海说过，大学教育的核心问题是要有一批心灵高贵、智力活跃的老师，由他们去影响学生。这样的老师会在学生周围形成一个磁场，在无形中发生作用，使他们对美好的心智生活心向往之，影响到他们的人生观和价值观。

这是一条，另外一条就是要爱学生，就像英国哲学家罗素说的，身为教师必须有博大的父母本能，把学生都当作自己的孩子，把学生看作目的而不是手段，一切都是为了学生。

　　我认识北京的一位中学校长，从他身上，我看到了在今天这个应试体制下，一个有良知、有见识的好校长会怎么做，应该怎么做。一方面，他对这个体制的弊端有清醒的认识，并且在老师和学生面前也不讳言，要他们保持警惕。他对全校老师说：在今天这个社会，最大的弱势群体其实是被考试和作业夺去了无数个黑夜与白天的孩子们，我们虽然无法破解体制造成的这个困局，但是一定不要盲从和跟风。他对全校学生说："你们是压力和年龄不匹配的一代人，从小升初开始就辗转于各种班的痛苦、父母的无助、学校的无力，一路走来，紧张、焦虑、茫然、无所适从，刚到十八岁已是一身沧桑了！"他向他们规劝和呼吁："考不上理想大学算什么，不要把人看得太简单和渺小，只要你保有自我选择的勇气，就有一线生机让自己不成为众多的别人。孩子们，我们要一起合作！"我看了他在校内不同场合的讲话稿，这样的内容很多，非常坦诚，用意是帮助学生在无法改变的应试体制面前保持内在的自由。

　　另一方面，在教育实践中，他的目标是最大限度地减轻应试体制的危害，为学生拓宽外在的自由。他要求老师尽可能智慧地工作，少占用学生的时间，说这是为孩子们其实也是为自己找回属于人的基本权利。这个话说得非常好，其实怀特海也说过类似的话，他说高明的老师是什么样的？就是善于清楚地确定学生必须精确掌握的知识，这样就不必勉强学生在次要的东西上花费大量精力了。当然，关键在于老师有没有这个水平。事实上，在应试体制下追风是最省力的，要抵御它的弊端就非常艰难，既需要勇气，也需要真本事。这位校长采取了许多措施，比如分数不排名，以减弱应试上的竞争。这样做的结果，学校在高考成绩上也许会稍受影响，其实成绩也不差，只是比某些全力应试的学校略微差一点儿，但是他说，他无意和那些顶级名校攀比，而是立足于人的全面教育，如果要在名气和明亮之间选择，他毫不犹豫地选择后者，全力打造一所照亮学生内心的学校。

我相信，他所做的是一个好校长在今天这个体制下所能做的最好的事，而这样的事，你们都可以做。

现场互动选摘

问：记得您曾经说过，教育种种弊端的症结在于高考，因此主张废除高考，采取自主招生的方式，现在这已经开始，可是教育的弊端并没有得到根本的改善，那么您是否会重新审视当时的判断？

答：我的看法没有变，仍然认为高考是现行教育体制弊端的症结。当然，高考不是孤立的问题。所谓高考就是全国统一命题，统一评分，按照分数录取学生，这种方式其实已经实行几十年了，最早是从苏联学来的。我在20世纪60年代的时候也经历过高考，可是为什么以前没有现在千军万马过独木桥、从小学开始就为之奋斗这样的情况？现在出现这样的情况，是和另两个弊端有关的。第一就是十几年来学校类型的单一化，职业学校萎缩，要解决就业问题，孩子们就必须上大学，上大学成了解决就业问题的唯一途径，这就逼迫所有的孩子都必须走这条路了。这样一来，大学供不应求，于是就扩招，但是事实证明，这不但不能解决就业问题，就业反而更难了。其实原因很简单，就是社会需求量最大的职业人才断档，而大批大学生实际上既非精英人才，也非职业人才，成了多余的人。所以，必须调整教育结构，大力发展职业学校，大学不但不应该扩招，而且应该缩招，回归培养精英人才的本位。这就是说，要改变高考是就业独木桥的现状。第二个弊端，就是20世纪90年代后期以来教育资源的严重不平衡，以及在这个基础上的所谓教育产业化，实际上围绕高考已经形成了一个产业链，产生了许多个利益集团。从小学开始，围绕着小升初、初升高和最后的高考，现在高考也不是最后了，考研也纳入了，各种课外班、补习班、教辅等，加上名校、重点学校的择校费，所有这些都是利用了家长们怕孩子在独木桥上掉队的心理。所以，必须改变教育资源严重不平衡的状况，那些资源优良的学校，至少要禁止它们办课外班和收择校费，让教育回归公益事业。高考最主要的弊端，第一是独木桥，第二是统一命题和判分，分数至上，一考定终身。如果废除了高考，那些靠押题取胜的各种班也就没有市场了，那些靠应试走红的所谓高考能校也就没有优势了。现在部分高校在搞一些自主招生的试验，但比例很小，只是非常小的改良，总体格局没有变。我认为最后的方向还是要像欧洲的大学那样，以自主招生为主，取消决定命运的全国统一考试。有人说自主招生有腐败怎么办，我说很好办，用法律来解决，健全法律、依法惩罚就是了。

问：我有一个小一点儿的问题。您谈到高贵的灵魂，我想问这高贵的灵魂是先天就有的，还是教育出来的？

答：我认为种子是先天的，发芽、开花、结果是后天的过程，与教育有关。就是孟子的说法，人有四端：恻隐之心，仁之端也；羞恶之心，义之端也；恭敬之心，礼之端也；是非之心，智之端也。仁义礼智是精神品德，这些品德在人性中都有萌芽，或者说种子，就是先天的同情心、羞耻心等。

问：先天的种子是平等的，还是本来就有高贵和低贱之分呢？

答：也许不能用高低贵贱来说，那是一种社会的评价。但是我相信种子的品质是有区别的，后天的表现可能是向善或向恶的倾向，也可能是能量的大小，成大善大恶还是成小善小恶。从小生活环境相近，但精神生长悬殊，这是常见的现象，佛教用轮回来解释，我觉得有一定道理。

问：有三个没想到。第一没想到哲学家也平易近人。第二没想到我们的周教授还如此年轻，富有活力，您用恋爱的心情读书、写作，不仅女同志崇拜，也是我们男同胞的榜样。第三个没想到，您讲到教育的目的是优秀和幸福，和我的观点有类似之处，非常惊喜。关于教育的核心价值观，我提出一个概念，叫作幸福力的提升，包括四个方面，就是幸福的感受力、创造力、享受力和亲和力。我不是研究哲学和教育的专家，想请周老师评价或纠正我的意见。

答：我觉得我没有资格来评判和修正。把幸福作为教育的核心价值观，细节还可以斟酌，我认为方向是对的。

问：我们反对说教式的意识形态教育，但是也不能回避人是有社会属性的，您说道德教育的目标是善良、高贵的灵魂，这和我们现在讲的社会道德包括公民教育是什么关系？

答：道德教育应该以人性为基础，公民教育同样如此。人性不是抽象的，一个同情心，一个做人的尊严，这两个东西丝毫不抽象。亚当·斯密说，最基本的社会道德有两个，第一是正义，第二是仁慈，而这两者都是建立在同情心的基础上的。做人的尊严，自尊并且尊重他人，也是现代社会中公民觉悟的一个基础，有尊严观念才会有诚信，才会自觉地遵守公共规则。所以，我认为这里面不存在矛盾。

问：请教周老师三个问题。一、灵魂是不是人和动物都拥有的？二、是不是每个人都有灵魂？三、灵魂的哲学解释和通俗解释有什么不同？

答：这是一个很好的问题，三个问题是一致的，就算一个问题了。灵魂这个概念的确有不同的用法。佛教讲轮回，轮回的主体不一定是灵魂，但也和灵魂差不多。六道轮回，主要在人和动物之间轮回，在这个意义上，动物也是有灵魂的，所以佛教主张善待动物，不可杀生。我从哲学角度讲的灵魂，是指精神追求，人不但要生存，而且要生存得有意义，是一种对意义的追求。这个意义上的灵魂，动物是没有的，动物只有生命的知觉，对环境的简单认知，没有达到精神的层次。基督教讲的灵魂，是指来自天国又回到天国的一种不死的精神实体，这个意义上的灵魂也是动物没有的。有没有不死的灵魂，我不知道，既不能证明也不能否定，所以有这个可能性。我的态度是宁信其有，相信它存在对人生是有好处的。按照灵魂不死这样的假设来生活，你就会更加看重灵魂的修炼和提高，把它放在物质生活之上，你的人生会更有格调。

（摘自2012年3月28日在北京京师大厦的讲座）

基础教育和语文教学

今天在座的都是语文老师，我知道语文老师里面有很多我的知音，很多孩子告诉我，他们开始读我的书是因为语文老师的推荐和介绍。今天趁这个机会，我要向你们表示深深的感谢。主办方给我出了两个题目，一个是让我谈谈对基础教育的看法，另外一个是谈谈对语文教学的看法。我就谈这两个问题，在这之前先谈谈我对教育的一般看法。

一、我的教育观

前几天在黑龙江卫视做一个节目，主持人问我："你没有当过老师，教学经验一点儿都没有，可是出了一本《周国平论教育》，你怎么论教育呢？"我就说，虽然我没有当过老师，但是当过学生啊，对老师教得好不好是有切身感受的。我还是一个父亲，在孩子的教育上多少有点儿体会吧，作为家长对学校的教育情况也有所了解吧。不过，我的一个主要角度是哲学。我是研究哲学的，我认为哲学与教育是相通的，做人的道理与教人的道理是一致的，人生中最值得追求的东西，理应是教育上最应该让学生得到的东西。如果说哲学帮我们思考人生的价值，那么，教育就是要帮助学生实现人生的价值。

人生中最值得追求的东西，概括起来说是两个，一个是优秀，一个是幸福。教育的目标是什么？一个人在受教育以后要达到一个什么样的状态？就是要让他成为一个优秀的人，拥有一个幸福的人生。怎么达到这个目标呢？我赞同杜威的观点，教育就是生长，就是要让人固有的精神禀赋得到良好的生长。生长得好了，就是优秀，同时就具备了自己去争取幸福的能力。精神禀赋包括智力、情感和道德，三方面生长得好，加上身体健康，就是一个全面发展的人，一个在人性的意义上优秀的人。这是教育的目标。我主张在目标上只做抽象的定向，不要太具体，一具体就会功利，比如把目标定在升学、就业之类，这样会损失掉许多重要的东西。一个人只要真正优秀，他到了一定的环境中，自然会有适合于那个环境的作为的。

（具体观点参看本书中《教育的目的》一文）

二、基础教育

在基础教育阶段，智育的主要任务是两个，一是培育良好的一般智力品质，二是牢固掌握基础知识。

我一向认为，最重要的智力品质是好奇心和独立思考的能力。具体到学习上，好奇心表现为对知识的强烈兴趣，喜欢学习，独立思考表现为钻研和探索的能力，能够自主学习。在小学和中学阶段，首先应该让学生喜欢学习，感受到智力活动的快乐，这是教育成败的第一条标准。如果学生把学习看作一件痛苦的事情，对知识没有兴趣，我们就应该判定这个教育已经是失败了。对知识没有兴趣，学习没有了内在动力，基本上就完蛋了，不可能有进一步的发展。喜欢学习是前提，在这个基础上，培养学生初步具备自主学习的能力，发挥主动性，有一定的自学能力。学习是一辈子的事情，不要说小学和中学，大学也只是一个开端，以后日子长了。我自己体会，真正大量学到东西，是走出校门以后的事情，是靠自学，但是中学和大学打基础很重要，我在学校阶段最大的收获是学会了自学，知道怎么自己安排自己的学习。

一个人智力生活始终处于活跃的状态，才能真正有所作为。这是一种内在的自由，教育的任务就是培育内在的自由，让人们爱动脑筋，善动脑筋，能够独立思考，有精神追求。对于一个国家来说，如果人们普遍具有这种内在自由，这个国家就大有希望。一个国家也应该有外在自由，就是政治自由、民主政治，但是，在很大程度上，只有具有内在自由的人多了，这个外在自由才可能实现，才是可靠的。所以，教育状况实际上影响到一个国家的政治状况，其作用不可小觑。

外在自由还有一个含义，就是自由时间，也就是一个人可以自由支配的时间。在教育中，这个意义上的外在自由对于培育内在自由就非常重要了，是不可缺少的环境条件。所以，不可以把课程排得太满，要让学生有自由时间。现在的中小学生都那么忙，几乎全部时间被功课和作业占据，我女儿现在上小学，回家后的时间基本用来做作业，我想上中学一定会更忙。需要这样吗？应该这样吗？我自己上中学的时候，有大量时间可以用来读课外书，现在的孩子基本上不可能了。我在这里大谈好奇心和独立思考，我自己觉得是一种讽刺，是在画饼充饥。在自由时间被剥夺殆尽的情况下，快乐和自主学习无从谈起，学习成了让人疲于应付的繁忙事务，这当然是违背教育的本义的。

　　除了自由时间，学生成长还有一个重要的环境条件，就是教师的影响。教师自己应该是具有内在自由的人，有活泼的智力生活，在他们的引导和熏陶下，学生最容易也成为这样的人。教师当然要传授知识，但是更重要的作用是育人，就是用你的人格、你的优良心智去影响孩子们。熏陶是不教之教，好的素质是熏陶出来的，你没有刻意去教，好像没有费什么力气，但是实际上起的效果是最好的，是最有效又似乎最省力的教育。事实上，如果老师的素质足够好，即使在应试体制下，他们也会努力实施素质教育，找窍门对付应试，尽量少花时间，为孩子们争取更多的自由时间。

　　上面我讲的是一般智力品质的培育。毫无疑问，在基础教育阶段，掌握基础知识非常重要。事实上，在智力教育的问题上，最艰难的阶段就是中学，中学是矛盾的焦点。在中学阶段，相对来说，知识的接受比小学阶段重要，甚至比大学阶段重要。按照怀特海的说法，小学是自由，大学也是自由，唯独中学是自由服从于纪律，要强调纪律。这是有道理的，原因就在于中学是学习基础知识的阶段，为了精确地、牢固地掌握基础知识，不得不花很多时间，这是必要的。中学生是最累的，即使不是应试教育，情况也是如此。但是，如果我们把重点放在素质教育上，使得学生真正热爱学习、热爱智力生活，觉得学习是快乐的事情，有了内在的动力，学习基础知识一定会更容易。所以，培养一般智力品质和精确掌握基础知识并不矛盾。

怀特海说，中学里完美的教育是使得纪律成为自由选择的结果，也就是说，中学是打基础的时候，功课要扎实，基本的科目一样少不了，学习任务最繁重，这个时候必须有纪律，但是要让学生乐于遵守这种纪律，而不是靠强迫。这就要看老师的本事了，这个本事包括课程安排的水平、授课的艺术等，善于让孩子们对必须学的知识产生浓厚的兴趣。这是很高的要求，我觉得当中学老师要比当大学老师难多了，大学老师自己编教材，可以比较自由洒脱，中学老师必须用统一教材，又要教出水平来，是戴着镣铐跳舞。

中学阶段开了许多基础课程，主要是数理化和文史哲两大类，这些课程大抵是必要的，是要让孩子们对于人类知识的范围有一个基本的了解，就好像有了一张知识地图。有了这张地图以后，可以心中有数，逐渐明确自己对哪个领域感兴趣，想去哪个地方旅游乃至定居，不会盲目地选择。中学阶段应该对人类知识的基本状况有一个了解，在这个基础上，初步形成自己的兴趣方向，为上大学选择专业做准备。同时，基础知识学习也是基本素质的训练。数理化是思维的训练，尤其数学，对于训练逻辑思维特别有益。我在中学时酷爱数学，解题其乐无穷，自己感觉对我后来学哲学也大有帮助。文史哲是人文的熏陶和修养，即使你以后学理工科，也是不可缺少的。

三、语文教学

在整个基础教育阶段，语文都是主课。语文课应该培养什么？我认为主要是两个东西，一是心灵的感受能力，二是语言的表达能力。

语文教学不只是教读和写，它应该也是情感教育、心灵教育，是人文熏陶，要培育学生的感受能力，拥有丰富的心灵，这是更重要的目标。德智体美中的美育，实际上主要是通过语文教学进行的。明确了这一点，你教学就不会局限于语法之类了。

泰戈尔说过，如果他小时候没有听过童话故事，没有看过《鲁滨孙漂流记》和《一千零一夜》，现在他眼中的世界就不会这么美好。他说的其实也是语文学习应该有的效果。一个人的内心受过文学的熏陶，被文学敞开了，和那些没有受过熏陶的人相比，他眼中的世界是完全不一样的。许多人对于自然的美、艺术的美、文化的美是没有任何感觉的，他这一辈子多可怜啊，人生最美好的东西没有享受到。物质上吃亏我们都很在乎，斤斤计较，其实精神上吃亏损失更大，最可悲的是自己还不知道。

当然，语文教学不只是心灵教育，你内心有了丰富的感受，还要能够表达出来，语文课还应该教你如何准确地表达。我们从小使用母语，在语文课上，我们要学习准确地使用母语，这是一种基本功。尼采非常重视母语学习在全部教育中的意义，他说母语是真正的教育由之开始的最重要、最直接的对象，良好的母语训练是一切后续教育工作的基础。事实上，不管学生上大学后学什么专业，一个基本要求是能够正确地读、想和写，而这种正确性正是通过中学语文课打下基础的。

具体怎么教，我也说不好，我没有当过语文老师，但是我当过学生，我可以说一说作为学生的体会。我在语文学习上应该说是基本过关的，现在有一定的写作能力，我的体会是，对于我的写作起最大作用的是两个东西，一个是大量阅读，一个是勤于动笔。从中学到大学，实际上我的主课是两门，一个是看课外书，另一个是写日记，大量时间都花在了这两件事上，真正课内花的时间很少。回想起来，如果说我的语文水平真正有所提高，主要是通过这两件事。当然，语文课也有作用，但是，如果没有这两个爱好，我相信语文课对我的作用就会非常有限。

这给了我一个启发。语文课上教的是课内的阅读和写作，就是赏析课文和写作文，但是目的不在这些课文和作文本身，而是为了培养学生对阅读的兴趣和能力，以及对写作的兴趣和能力。那么，功夫就不能只下在课内，课内只起一个引路的作用，学生的兴趣真正激发起来以后，他们也不会把自己限制在课内。所以，我就有一个标准，看这个语文老师的课上得好不好，我要看是不是有很多学生喜欢课外阅读和写作，如果形成了这样的氛围，这个班的普遍语文水平一定差不了。

从培养阅读的兴趣和能力来说，首先要有一定的阅读量，不能光是课文，提倡兴趣阅读，让每个学生一个学期读几本自己喜欢的书，十来本就更好。当然，这就要给学生时间。读完以后，鼓励他们写读书笔记，选择自己最有体会的书，这个笔记可以当作文交上来，真有体会就会写得不错的。增加阅读量还有一个办法，叫指导性的拓展阅读，是我前不久在苏州中学看到的。语文课本里面收录了很多作家的作品，他们的语文老师就根据自己的研究和学生的反馈，每个学期选择一个作家——很不好意思，上个学期选的是我——把这个作家的作品基本买齐，在阅览室里设专架，供学生自由借阅。同时，让每个学生自购这个作家的一本书。然后，在学期末，每人写一篇相关的读书笔记。我觉得这是一个好办法，应该选择经典的作家，让学生对他们的作品有比较系统的了解。这样六个学期下来，就有一定的积累了。

在兴趣阅读、拓展阅读之外，当然还必须有深度阅读。一般来说，用于深度阅读的是课文，就是选定的范文。范文应该是真正的好作品，选那些在文学上和精神内涵上都高质量的优秀作品。现行教材里的作品未必都是好作品，有的很平庸，有的意识形态色彩很浓，我认为语文教材是需要改革的。我主张多选经典作品，各民族都拥有优秀母语写作的传统，这个传统存在于本民族的经典作品之中，它们理应成为语文学习的主要范本。

在阅读过程中，最需要培养的是鉴赏力、判断力和理解力，有自己的真实感受和独立思考。这个东西怎么培养，很难有统一的方法，就看老师的水平了。你自己有这个水平，才能引导学生，也才能对学生的这些能力做出正确的判断。我只强调一点，对课文的理解一定不要用固定模式，不要有标准答案。我特别反对现在流行的范文分析方式，基本上都是分析主题思想、段落大意，摘出几段话来，让你分析这几个句子是什么含义，这种测试方式对真正提高阅读能力毫无益处。这种做法实际上是让学生按照固定的模式去揣摩，可能的答案是什么，这样做并不是让他们真正去理解课文，反而是阻碍了他们自己的理解。

现代哲学有一个流派叫作解释学，代表人物是德国哲学家伽达默尔，他的主要著作是《真理与方法》，里面讲了解释学的基本原理，我给大家介绍一下。我们读一个文本，往往想知道它的原意是什么，伽达默尔就问，你用什么来判断原意？是用作者自己写作时的意图吗？第一作者自己也未必清楚，第二即使他自以为清楚，和写成的文本也是两回事，文本会偏离这个所谓原意。所以，作者的意图绝不能成为标准。

另外，你作为读者去读一个文本的时候，你不可能是脑子一片空白，你有自己在知识上和经验上的积累，你有自己对事物的理解，这在哲学上叫作前理解。在读一个文本的时候，你不可避免地会带进你的前理解。而且，这还是你能够理解这个文本的前提，如果你把自己的积累全部抛开，脑子一片空白，那是什么也读不懂的。

根据这两个方面，伽达默尔提出一个概念，叫作视域融合。一方面，文本有它的一个视域，也就是文本自身的含义，这个含义并非清晰的，除了作者的表达外，还包含了在流传过程中人们加入的诸多理解和解释，你无法把它们精确地区分开来。另一方面，作为读者、接受者，你也有你的一个视域，就是你的前理解，由你以往的经历、阅读、体验、思考积累而成，对这个东西也是无法做精确分析的。那么，阅读的过程就是两个视域融合的过程，最后得出的东西既不是你的，也不是文本的，而是二者的融合。对一个文本根本不存在所谓绝对客观的理解，因为文本本身并不存在一个可以对应地把握的绝对客观的含义。

不但文本是这样，现代哲学对世界、对一切事物都是这样看的。当你认识一个事物的时候，你必定会有一个角度，不可能有撇开任何角度的认识。比如说一张桌子，你可以从物理学的角度说它的材料是木头，形状是四个立柱上一个平面，质地是光滑的或粗糙的，也可以从用途说它是课桌或饭桌，只要你去说它，就一定是从某一个角度去说的，你无法说桌子本身是什么。对整个世界也是如此，在现代哲学看来，所谓世界的本来面目是什么，这是一个伪问题，伽达默尔的解释学正是以现代哲学的这个反本体论立场为大背景的。

通俗地说，理解一个文本是什么意思呢？就是你这个接受者在和文本对话，理解是一个对话的过程。好的理解就是有效的对话，一方面文本是好的文本，含义丰富并且具有开放性；另一方面接受者是好的接受者，有足够的前理解，二者之间能够发生充分的相互作用，能够进行深入的、生动的、有内容的对话，二者的视域能够得到最大限度的融合。所以，现在谈理解一个文本，立足点已经不是要挖掘文本本来的含义，而是强调文本和阅读者之间的互相作用。在这个过程中，文本的意义在扩充，一个文本在流传过程中含义越来越丰富了，已经超出作者写它的时候的含义了。同时，接受者的精神也在生长，新吸取的营养也化为了他的血肉，也加入了他以后阅读别的文本时的前理解。总之，两方面都在生长，这是最有效的阅读。

用这个观点来看，对于同一篇范文，不同的学生是可以而且应该做出不同的理解的，因为每个学生的视域不同，得出的视域融合也就必然不同。所以，不应该让学生回答这篇范文或者其中某几句话本来的意思是什么这种问题，应该鼓励他们有自己的理解。当然不是可以乱说，标准是有独立思考，又能够言之成理。要考查学生对课文的理解，我认为最好的办法是写读后感，这应该成为一个主要的测试方式。对课文的理解程度如何，有没有收获，读后感最能说明问题。现在那种考查主题思想、段落大意的方式，最多是浅层次的理解，而且有标准答案，压制了独立思考。无论是阅读还是写作，我认为都应该最看重有没有真实感受和独立见解。

下面我说一说写作。要培养写作的兴趣和能力，关键是勤写，不能光靠写几篇作文。所以，我特别鼓励中学生写日记，从中学就养成这个习惯，对写作的好处太大。好文章首先要有真情实感，其实人人都有喜怒哀乐，都有真实的情绪和感受，但是，人们往往懒于捕捉和反省自己的真情实感，听任它们稍纵即逝，不留痕迹。因此，在写作的时候，就没有东西可写，就只好模仿和编造，这样当然写不出好文章。写日记是一个办法，它的作用实际上是督促你留心自己的真情实感，随时记录下来，同时也在反思。养成了这个习惯，也就积累了大量的好素材，真正写作的时候你就不愁没东西可写了。

当然，写日记要认真，而不是记流水账。你珍惜自己的真实感受，就不但会勤快地记录，而且一定也会力求准确地表达它们，在寻求准确地表达的过程中，写作能力不知不觉就得到了提高。事实上，写日记的时候你是最自由的，没有任何条条框框，你是写给自己看的，你对自己不用说假话，你只是要表达自己的心情。在这种情况下，反而更容易产生一种好的表达，一种准确的而且有个性的表达，这本身就是锤炼语言艺术的过程。

当然，我的意思不是让学生只写日记，作文还是要写的。关于作文，我主张不命题作文的比例尽可能高一点儿，让学生写自己感兴趣的题目，写自己真正有体会的内容，然后把自己觉得满意的文章交上来。这实际上也是日记的一种形式，是公开的日记。也可以写一篇读书感想，看了一本书特别喜欢，就把这篇读后感当作作文。当然也要有一些命题作文，但命题要宽泛一点儿，避免学生没有感觉而硬写。

不管命题还是不命题，在判卷子的时候，我强调不要太看重语句通顺与否，当然这是基本的要求，但不是最重要的要求，一篇文章并不因为语句通顺、结构完整就是一篇好文章了。一篇文章在某些方面有一点儿毛病，但是有独特的感受、思考和表达，我认为就是一篇好文章。有水平的老师应该不拘一格，鼓励不同的闪光点。我看孩子的作文，有的真的是大师的表达，一般大人写不出来。闪光的，有个人风格的，蕴含着将来的文学风格的，这样的东西要看重，我当老师的话，会把这种东西挑出来大大地表扬，给他高分。语文课应该重点鼓励真正有文学的和精神的含量的东西，不要把语法的东西看得太重要，这是我的看法。

现场互动选摘

问：我有个问题很困惑。我们看一篇文章觉得很假，看另外一篇文章觉得情感真实，但是这只是个人的一种判断，有什么根据？是否可以仅凭个人感觉来判断？

答：个人的感觉和视角是绕不过去的，也是排除不了的。即使你说出你的判断的根据，这个根据仍然是你的一种认识。但是，这不等于说没有标准了。每个人对自己身上的情感是有所了解的，如果根据这个了解来判断文章的真假，一般不会太离谱。当然，其中必有主观的因素，所以，你可以对学生说："这是我的判断，你们也可以有自己的判断。"

问：您对教育理想的追求和现实会发生冲突，您怎么设计自己女儿的未来呢？

答：理想必定会和现实发生冲突，如果只是接受现实，要理想做什么？当然，有时候不得不对现实做某种妥协，但是，有了理想的指引，你会掌握好妥协的分寸，方向是明确的，只是方式会平和一些，步子会慢一些。对我女儿的未来，我有一点很坚定，就是只做抽象的定向，不做具体的定位。也就是说，对于她将来上什么大学，从事什么职业，出不出国，有多大的成就，我完全不做设计。这些东西如果你去设计的话，第一，很可能是空的、无用的，决定一个人的这种具体的未来的因素太多了，不是你支配得了的，何必瞎操心。我自己年轻的时候也从来不设计这种东西，没有想过将来要成为一个作家，要有一点儿成就或名气。第二，如果我做具体的设计，甚至这样去要求她，实际上是对她的限制，很可能是一种错误的导向，如果她真正的能力不在这个方面，那我就害了她。但是我可以做抽象的定向，就是要让她生长得好，成为一个优秀的人，向这个方向努力。这是我可以做的，也应该做的。我相信这比具体的定位重要，真正优秀了，将来她做什么都不会太差吧。

问：我想请您推荐一些适合初中年龄段学生读的、比较好的哲学书。

答：这样的书挺缺的，有一些翻译过来的，我觉得还不太理想。所以我想，我自己来写一本吧。其实已经有很多人包括一些中学校长都建议我做这件事，我自己也愿意，写一本给初、高中的孩子们看的书，用通俗而生动的语言把哲学的基本问题和内容讲清楚。这是一个难度很大的工作，有水平的通俗著作其实是最难写的，我要好好做准备。

问：我不是西城区的老师，是海淀区的老师，今天来听您的讲座。这几天我非常痛苦，接受区里的一个任务，选一篇高中语文测试的文章。每天晚上我都花时间看您的文章，觉得很多文章都适合，阅读的过程像是一个恋爱的过程，非常浪漫、甜蜜和美好，但是当我陷入一个命题者角色的时候，我读文章时就陷入了一种婚姻的感觉。我就在想，我们的语文课必须对孩子做测试吗？如果不用这种方式，还有其他的办法对孩子做出评价吗？

答：是啊，你问得对。我也不知道怎么办。要是我的话，就会比较简单化地处理，我就选一篇好文章，让孩子们每人也写一篇文章，用这篇文章和我所选的好文章进行对话，这就是在谈恋爱了，而不是陷入婚姻了。

问：在我自己学校里可以对学生用这样的方法，但是区里的统一测试就不可能了。我看您的《宝贝，宝贝》很有感触，我的孩子也非常聪明，他今年十一岁，是个男孩，看书很多，大概已经有一百五十本。现在他的困惑是作文，他写东西非常干净，都是干货，他说形容词是名词的敌人，但是在学校里从来没有得到过表扬，他的老师总是给他很多批语，教他怎样写得生动。所以，他越来越不爱写作文，越来越没有信心。如果这种情况发生在您的孩子身上，您怎么办？

答：我会肯定他，因为从你说的推测，他应该是写得很好的。形容词是名词的敌人，这句话是叔本华说的，我很赞同。我也讨厌形容词，我觉得写文章质朴是一个很大的优点。我还会鼓励他多写，"作文得不到好分数没关系，爸爸给你好分数"。

问：我回去跟他说，"哲学家周老师说你写得好"。

答：你应该对他说，"妈妈语文水平很高的，你要相信妈妈的判断"。

问：我说应该是更准确一点儿，但是他相信你的判断。

答：那你就说，"周老师和妈妈的看法一致"。

（摘自2010年2月25日在北京西城区教育局的讲座）

漫谈教育

　　我本来是想，今天我不讲，主要用对话的方式，跟你们交流，这样更有意思。现在让我讲，我就先简单地说一些。大家看到这里放着我的一本新书，叫《宝贝，宝贝》，这本书是写我的女儿从出生到上小学这一段时间，我对她的生长的观察，包括智力和情感的生长、我的观察、我的感受、我的思考，是这样的一本书。在这本书里，贯穿了我对教育的看法，今天我就谈谈我对教育的看法。

　　我知道锡山中学是江苏的名校，你们是很幸运的，有一个懂人性、懂教育的教育家当校长，这在今天应试教育的大环境中不可多得。刚才在开会之前，唐校长告诉我，你们学校的座右铭是"大爱无疆，大智有道"，这两句话很精彩，把人性中最珍贵的东西，也就是教育最应该发扬的东西，很准确地点出来了。我的讲话也可以说是对这两句话的体会。

　　我没有当过老师，但是作为一个父亲，也承担着教育孩子的任务。当我教育孩子的时候，我应该看重什么？我就问自己，对于我自己，我最看重的是什么，我认为人生中最值得追求和珍惜的是什么，那个东西也就是我教育孩子的时候应该看重的东西。那么我想，无非是两个东西，一个是生命，一个是精神，从生命来说应该幸福，从精神来说应该优秀。所以，我教育孩子，目标应该是让她幸福和优秀。怎样才是优秀呢？就是有大爱和大智，爱和智是人必须具备的两个精神品质。从智来说，就是要有自由的头脑，有活泼的智力生活。从爱来说，就是要有真挚的情感，有丰富的心灵生活。同学们现在在上学，你们在学习的过程中，最要培育的就是智和爱的良好品质，成为智力优秀、情感饱满的人。

关于智力教育，我想强调一点，就是真正的智力教育并不是灌输一些知识，而是要让人的智力品质得到良好的生长。人的最重要的智力品质，一个是好奇心，对世界、对事物、对知识充满兴趣，研究学问也好，做事情也好，这是内在的动力，这个动力要足够强大，才会有成就。另一个是独立思考的能力，你有了好奇心，对某个问题有了兴趣，就要自己去寻找答案。这两个东西合起来说，就是从事智力活动的兴趣和能力。我看一个学生在智力教育上是否合格，就看他是不是具备了这个兴趣和能力。

一个人热爱智力生活，动脑筋本身就给他带来了极大的快乐，他对一个问题发生了兴趣，就把解决这个问题本身当作目的，沉浸在其中，别无所求，我觉得这是特别可贵的品性，我相信各个领域真正做出成就的都是这样的人。近代以来，欧洲就有许多这样的人，所以各个领域出了很多大师。我最近看到一个报道，俄罗斯数学家佩雷尔曼，他破解了庞加莱猜想——一千年来数学界公认最难解的七个题目之一，就把成果公布在互联网上了。他不是发表在专业学术刊物上，不是拿去评奖，而是放到互联网上，让所有感兴趣的人共享。他从破解难题的过程中得到了最大的快乐，别的都无所谓了。事实上，2006年世界数学家大会授予他菲尔兹奖，相当于数学界的诺贝尔奖，最近克莱数学研究所授予他一百万美元大奖，美国和俄罗斯的大学争相用高薪聘请他，他都一概拒绝了。他对名利毫无兴趣，生活上极其简朴，陪老母租住在彼得堡的两居室里，他的屋子里只有一张桌子、一个凳子、一张床，坍陷的床垫还是老房客留下的。这样的人真是完全生活在精神世界里的，是科学领域里的圣徒。很遗憾，我们中国从近代以来难见真正的大师、有世界影响的大师，原因在什么地方？就是太功利，缺少以智力生活本身为最大快乐的人，缺少热爱智力生活这样一个氛围。

结合学校里的教育，我觉得学生在受教育期间，最应该培养的是两个能力，一个是快乐学习的能力，另一个是自主学习的能力。学习本身就是快乐的，同时要做学习的主人，学会自己来安排自己的学习。简单地说，就是爱上学习，学会学习。人是一辈子要学习的，学校学习是为一辈子的学习打基础，这个基础就是喜欢学习并且具备自学的能力。作为学生来说，你们只有在学校里做了自己学习的主人，将来才会有自己真正的事业，才能是自己事业的主人。知识分子是拥有智力活动的兴趣和习惯的人，如果一个人走出校门之后，他再也不学习了，再也不动脑筋了，就只剩过日子了，他就是一个庸人，他不是知识分子。

怎样算是做学习的主人，爱因斯坦是最好的例子。就读于苏黎世联邦理工学院时，他发现自己不可能成为一个好学生，因为成一个好学生就意味着上课要认真听讲，要认真做作业，要应付考试，要写规定的论文，他认为自己做不到，所以就下决心满足于做一个中等成绩的学生，把时间节省下来，在自己家里向理论物理学的大师们学习。他事实上就是这么做的，上课就对付一下，用大量的时间自学。毕业的时候，他也没有留校，其实当时最好的出路是留校，可以搞研究，但是因为他对功课只是应付，他的导师不喜欢他，就没留成。后来他说，"幸亏没有留校，因为留校就意味着要参加评职称，为此必须写那些符合规定的论文，结果我就会变得平庸"。你们要知道，现在我们的大学里，评职称也是很重要的事情，关系到一个人的前途，结果的确产生了许多平庸的论文和平庸的学者。爱因斯坦毕业以后干什么呢？他找不到工作，想做代课老师，登了一个广告，他一辈子就登过这一个广告，广告上说他毕业于什么学校，现在想做家庭教师，结果也没有人聘请他。最后通过他一个朋友介绍，在一个专利局当了一个普通的公务员，一干就是八年，平时处理一些杂务。但恰恰就在这段时间里，他用业余时间搞他的理论物理学，有了一系列重大发现，最著名的是狭义相对论，成了顶级大师，是牛顿以后最伟大的物理学家之一。1905年被称为爱因斯坦年，有趣的是这个时候的爱因斯坦不是专业物理学家，而是一个公务员。当然他是天才，我们没法儿和他比，但是做自己学习的主人这一点适用于每一个学生，你可以尽你的天赋之所能做得最好。

我上面讲的实际上就是大智有道，智力教育要从大处着眼，抓住根本，这个根本就是培养智力活动的兴趣、习惯和能力。用爱因斯坦的话来说，就是培养内在的自由，你有一个自由的头脑，具备独立思考的能力。这样的智力教育才是成大器的，才是大智有道，而不是停留于具体的专业知识和职业技能。

下面我讲大爱无疆，就是情感教育、心灵教育。我们通常所说的美育，从对象来说是美的教育，要学会欣赏自然的美、文化的美、艺术的美，从主体来说就是爱的教育，亦即情感教育、心灵教育，要有丰富的心灵，有广大而深刻的情感体验。爱还有一个含义，就是人与人之间的同情心，属于德育的范畴，我今天不讲。这么说来，的确是大爱无疆，情感生活的领域无比辽阔，有大爱的人爱人生，爱世界，爱一切众生。

那么一个人怎么样才能有丰富的心灵生活呢？根据我的经验，我觉得有两种习惯对我帮助特别大，一个是写日记，一个是博览群书。你们看我为孩子写了这么厚的一本书，在我出版的书里，这本书是字数最多的。如果光是凭记忆的话，我肯定写不出来，我是根据我的日记写的。我一直有写日记的习惯，孩子出生以后，我的日记就很自然地围绕她来写了。我始终认为，一个人的生活经历是最宝贵的财富，而且这是一笔仅仅属于你的财富。不管经历的是快乐还是痛苦，顺利也好，挫折也罢，遇到的人或喜欢，或厌恶，这些都会掀起你内心的波澜，如果你是一个有心人，它们都可以成为你的财富，而写日记就是把外在经历转化成内在财富的一个方法。通过写日记，你反思你的经历，以经历为素材，你去认识世界和感悟人生。

从中学到大学，我的主课可以说只是两门课，一门是看课外书，一门就是写日记，我写日记可认真了，每天背了书包到阅览室里，拿出日记本，一写就是两三个小时，一写就是好几页。很可惜，后来都烧掉了。那是"文化大革命"的时候，有两个原因。一个是学校里抄家成风，很多同学的日记被抄出来，写成大字报公布，扣上反动学生的帽子，在大字报前面遭批斗。如果我的日记被抄出来，一定是反动日记，那时候有独立思考就容易被诬反动，你没法儿说理。另一个原因是我最好的朋友郭世英自杀了，也可能是被害，我特别绝望，我的日记里写了许多我们交往的情况，那时候我觉得生活没意思了，人生到此为止了，我用日记为他殉葬，抱着这样的心情，我把日记全烧掉了。后来后悔啊，多少次痛哭，哭我的人生中最美好的时光，我的青少年时代就这样消失了，没有留下任何文字。不过，后来我忍不住又开始写，一直到现在，写日记的习惯保留下来了。

面对中学生，我总是劝你们养成写日记的习惯，写私密的日记，不是作为作文，就给你自己看，也不要给父母看，锁起来。写作最重要的是要有真情实感，面对自己的情感要诚实，对于我来说，这种诚实就是通过写日记培养出来的。我后来成为一个作家，写了很多东西，但是我自己最珍惜的仍然是我为自己写的这些日记，它们是最真实的。成了作家以后，面向社会，面向读者，就有可能变得不诚实。尽管我非常警惕，但是我看自己的作品，真的觉得是在退步啊，这令我惭愧。

另一点是养成读书的习惯，这也是让自己心灵丰富的重要途径。尤其是今天，互联网非常发达，特别要强调这一点。我估计你们中也有染上网瘾的人，有吗？但愿很少。现在很多人上网，无非是做几个事情。一个是看八卦新闻，你看这么多八卦新闻有什么用啊，某某明星怎么样了，和你有什么关系？对你的生活起什么作用啊，看了以后你的精神能生长得好一点儿吗？不管上网也好，读书也罢，你要有一个标准，就是对你的精神生长有没有益处，能不能带来精神上的愉悦。如果只是消遣，有些谈资，人家说的时候你也能插上一嘴，这有什么意思啊，浅薄得很。

还有就是玩游戏，或者聊天，我觉得完全是浪费时间，很可悲的。现在人人都有手机、电脑，我经常在飞机和火车上看到，西装革履的人，带着一个笔记本电脑，打开来忙碌着。我心中很佩服，这个人真是抓紧时间，在旅途上还学习和工作，可是悄悄一看，原来是在玩游戏，或者看无聊的电影。我出门是不带电脑的，觉得太重，就背一个小包，里面放几张纸，随时想到什么就记下来，还有就是一两本书。你看欧洲，那里的人哪怕是乘地铁，普遍的就是拿着一本书，在那里安静地看。在国外的公共场所，阅读真是一道风景。你到公园里，看见长椅上坐着一个姑娘，安静地看书，多美啊！我们中国人在公共场所干什么？现在到国外旅游的人越来越多了，等候飞机的时候，聚在一起打扑克牌，或者大声喧哗，那个时候，我感到无地自容啊。

我希望从你们开始，不再有这种情况，不给中国人丢脸，要为中国人争光。那么，从在学校里开始，就要养成读书的爱好。每个人喜欢读什么书，是和个性和兴趣有关的，不可能千篇一律，但是品位一定要高，一定要读好书。

好，我就说到这里。

现场互动选摘

问：周伯伯好。以前在我的印象里面，讲座是一件很无聊的事，但是，听了您的讲座之后，感觉这个机会对于我非常宝贵，因为它给我带来了很多思考。我记得有一天晚上，我和我的上铺同学花了不知道多少时间，谈到深夜。我们谈的是，我认为世界是唯物的，他认为是唯心的，我们都尝试去说服对方，但是谁也说服不了谁。我就想问一下，这个世界到底是唯物的还是唯心的？

答：你们两个谁都说服不了对方，我认为是当然的。唯物主义和唯心主义，两者在理论上是没有办法驳倒对方的。为什么呢？因为世界的本质到底是物质的还是精神的，宇宙完全是一个物质的存在，还是有一个精神性的本质，比如说有一个上帝，这个问题是超出我们经验范围的，既没有办法证明，也没有办法证伪。所以，最后就是一个信念的问题，而不是理论上正确与否的问题。不过，我想告诉你，争论这个问题其实没什么意思，你应该具体地去了解那些重要哲学家的思想，这才有意思，不管他被我们的教科书贴上了唯物主义的标签，还是唯心主义的标签。一个哲学家对人类思想的贡献大小，和他被贴上什么标签无关。我认为，你们热衷于争论这种问题，本身就是受了我们的教科书的误导，是盲人摸象式的争论。

问：您刚才讲到好奇心的重要性，您对您女儿的教育确实很用心，所以我想问，父母怎样教育孩子才能引导孩子保持好奇心？我们现在的课程排得有点儿满，学生根本没有自我发展的空间，所以我挺困惑的。

答：回想起来，在我女儿小时候，我从来没有刻意去做智力教育，我主要做的事情是什么呢？孩子天生就有好奇心，会提很多问题，我是一个细心的父亲，会留心听她提的问题，然后对那些提得好的问题，我会鼓励她，和她讨论。实际上，你和孩子讨论她所感兴趣的问题，这个过程本身就是一个最自然的智力教育，让她感受到了思考的乐趣。关于课程太满了，这个我就没有什么办法了，作为家长，我无法为孩子减负，只能做到不再给她加负。我起码做到了一点，不让女儿参加任何课外班，她现在快小学毕业了，没有上过任何课外班，这在他们学校里几乎是绝无仅有的。面对学校现在的情况，我只能寄希望于有见识的校长和老师，一定要为孩子们争取自由的空间，尽量用最少的时间有效地对付应试教育。你们是戴着镣铐跳舞，希望你们跳得好一点儿。

问：我是作为无锡教育网的博友来参加这个活动的，想问一个关于普及哲学教育的问题。过去我们也学过一些哲学，知道哲学是阶级斗争的武器，认识世界和改造世界的武器，是人必需的一种精神武器，非常重要，所以我想请问周先生，作为一个哲学家，如何来普及哲学教育？其在青少年当中应该怎么做？

答：我不太同意说哲学是认识世界和改造世界的武器，当然更不同意说是阶级斗争的武器。哲学根本就不是武器，反而是要你放下武器，和世界进行和平的对话。真正的哲学是要让你爱智慧，去思考世界和人生的根本问题。普及哲学教育，首先应该让人们对哲学形成一个正确的概念，现在的教材恰恰相反，学完了还不知道哲学究竟是什么，甚至误以为哲学只是一些教条。所以，第一件要做的事情，就是对从中学到大学的哲学基础课教学进行改革，教材必须重写，编出真正能够传递哲学正确概念的教材。我认为最好的办法是精选哲学家的原著，有一个大的框架，按照问题来精选相关的内容。我自己就是通过读大师们的著作，才对哲学是什么形成了一个比较清楚的概念。

问：我是一名中学语文老师，而且非常惭愧的是，也是一个经常把您的文章肢解开来做成阅读理解题的老师。当然我知道，这不是我的错，更不是您的错。作为一名哲学家、作家，我想至少在语文学习方面，用我们现在一般的评价标准来看，您应该是一个语文学习很好的人。所以我想问的是，在您的学生阶段，您的语文学习成绩到底如何？第二个问题是，有没有哪个语文老师给您留下了比较深刻的印象？最后我想问的就是，在学生的语文学习中，乃至在他个人成长的过程中，语文老师应该发挥怎样的作用？

答：问题提得很好。我的语文成绩，小学的时候很一般，初中的时候在班里算最好的，高中的时候是最好的两个学生之一。我印象很深的是，高中的语文老师经常会把我和另一个同学的作文作为范文在班上宣讲，说那个同学作文好在什么地方呢？语法非常准确，结构非常完整。我的好在哪里呢？有自己独特的见解。我觉得他还是抓得挺准的。这位语文老师姓钱，他鼓励我在作文中有感而发，表达自己的独立见解，这对我以后的写作是有好的影响的。除他之外，初中的时候，语文老师姓王，同时是班主任，他是最早鼓励我课外写作的人。说来好笑，那个时候政治气氛很浓，"大跃进"啊，他就写歌颂"大跃进"的打油诗，也发动全班同学来写，办壁报，我是写得最多的，也是他认为写得最好的。这几乎就是我课外文学创作的开头，如果日记不算的话，专门搞创作，还真是一个开头，起点很低啊。当时上海举办中学生红旗奖章读书活动，也是在他的鼓励下，我开始写读书心得，这可以算是我课外写论说文的开头。我觉得语文老师在学生的成长中起很大的作用，不过应该广义地来看语文学习，一个好的语文老师，他自己一定是一个有人文素养的人，喜欢读书和写作，对母语怀有激情，那么在他的感染下，就会有比较多的学生也产生这种激情，喜欢阅读和写作。这个作用就不仅仅是语文成绩好了，更重要的是拥有一个丰富的心灵。当然，语文老师的水平很不一样，有没有好的影响，影响的大小，是因人而异的。

问：现在职业高中的学生比大学文科的学生更加受到企业单位的青睐，他们就业的机会更加多，这是为什么呢？还有，在今天这个会场内，带教科书和教辅来的人不在少数，您作为一个教授，除了演讲之外，还有没有别的什么方式可以改变一下这个现象呢？

答：真的吗？我没看见啊。请没有带教科书和教辅来的同学举手。（多数同学举手）还是大部分没带嘛。带了也没关系，他们并没有在会场上看。你说的学生就业问题，我觉得不难解释，其实是暴露了我们的教育结构的毛病。正常的情况应该是逐级分流，我记得以前就是这样的：小学毕业后，一部分人上初中，一部分人上技校；

初中毕业后，一部分人上高中，一部分人上中专；高中毕业后，一部分人上大学，一部分人上大专。这是一个分层次、多流向的结构。最近十几年来，这个结构被打乱了，职业学校萎缩，中专升格为大专，大专升格为大学，然后大学就拼命扩招，实际上把本来由各级职业学校承担的培养不同职业人才的任务给取消了。职业学校所剩无几，毕业生供不应求，当然好就业。现在大学生是最尴尬的，数量巨大，既没有职业技能，又成不了精英，高不成低不就，不，不是低不就，是高不成低也不成，就业当然困难。所以，唯一的解决办法是回归逐级分流的教育结构，这是最合理的。职业学校的培养目标是就业，大学不应该这样，上大学的人应该是相对少数，大学培养的是从事科学研究和文化创造的精英人才。现在的情况是职业人才和精英人才都缺，双输。

问：我是高一学生，记得您说过您对平面几何非常感兴趣，同时您现在还能给女儿辅导数学，可以看出您的数学成绩非常不错。所以我想问您，为什么会走上哲学的道路呢？您对高一学生的分科有什么建议？请谈谈您的中学生活。

答：从初中到高中，我的确非常喜欢数学，成绩也很好，一直担任数学课代表。我们当时是到高三才开始分科复习的，我报了文科，参加文科的复习。在这之后，上海举行中学生数学竞赛，学校里先举行初赛，我很冒失地去参加了。那个时候，人家已经复习了半年，而我很久没有碰数学了，竟然还入选了，可是这给我带来了麻烦。因为上海中学非常重视数理化，数学好的人多的是，全校十四个毕业班，每个班五十人，选拔出来参加县区一级数学竞赛的名额只有十几个，被我占了一个。我只是侥幸胜出，非常想把名额转给别的同学，但是不允许，结果到了上海县的考场，那些习题真的很难，我看了一遍卷子，一道题都不会做，第一个交卷，浪费了一个名额。你问我为什么走上了哲学的路，说来好笑，我高中最喜欢的科目是数学和语文，报志愿的时候就很犯难，文理都不想放。毛主席有一句话，哲学是对自然科学和社会科学的概括和总结。毛主席的话指引了我，我就报了哲学，心想这样数学和文学都不会丢了。后来我发现我是歪打正着，走对门了，走进了一个我真正喜欢的领域。关于分科，你们现在高一就分科，我觉得太早了。高中阶段还是应该把文理两方面的基础打得扎实一些，使得今后学理工科的学生也具备较好的人文素养，学文科的学生也具备一定的自然科学基础。同时，真正明确自己喜欢哪个方向，这是需要时间的，分科太早，许多学生可能并不知道自己的兴趣在哪里，就糊里糊涂地选了科。我认为高三开始分科比较合理。你们这么早分，基本上是为了应试，几乎把整个高中阶段都用来为高考做准备了。

问：您自信吗？您是如何看待自己以前的同学的？

答：我不是一个自信的人，甚至可以说是一个自卑的人。在一些公共场合，比如说参加什么讨论会的时候，我肯定是那个坐在角落里的人，生怕让我发言，因为我觉得自己说不出什么有价值的话，非常怯场，而别人往往很自信，说得头头是道。不过，后来这种场合经历多了，发现好多人激情满怀说的多半是一些老生常谈，也就觉得自己没必要那么自卑了。你说我以前的同学，我不知道你指的是哪一段，如果是指北大哲学系那一段，我想多数人的追求和我是不同的。那时候哲学就是意识形态，许多同学上哲学系是为了走仕途，后来的确也走了仕途。上帝是公平的，你看重什么，追求什么，最后就可能得到什么。人各有志，只要自己满意就好。

问：我相信您有一颗细致敏感的心，我想请教您交友应该注意些什么？

答：你一定在交友中遇到了问题，能不能具体地说一下？

问：我有一个朋友，开始时觉得特别合得来，后来发现不是这么回事，就疏远了，我为此很伤心。

答：其实这很正常，说明开始的时候你们互相并不了解嘛。西方有一句谚语说，我们因为不了解而走到一起，因为了解而分手。当然，如果总是出现这种情况，你就应该反省一下了，开始时是不是太轻率，后来是不是太苛求。年轻人交友容易这样，开始时把友谊想得很完美，然后就用这个完美的标准去要求友谊，结果一定会出问题。在友谊中，不能没有宽容，要尊重双方的差异。

（摘自2010年4月25日江苏锡山中学的讲座）